LOSOS
KRÁL RYB

100 JEDNODUCHÝCH RECEPTŮ S LOSOSEM
PRO VAŠI RODINU

JAROMÍR CHMELÍK

Všechna práva vyhrazena.

Zřeknutí se odpovědnosti

Informace obsažené v této eKnize mají sloužit jako ucelená sbírka strategií, o kterých autor této eBooku provedl výzkum. Shrnutí, strategie, tipy a triky autor pouze doporučuje a přečtení této e-knihy nezaručí, že výsledky budou přesně odrážet výsledky autora. Autor e-knihy vynaložil veškeré přiměřené úsilí, aby čtenářům e-knihy poskytl aktuální a přesné informace. Autor a jeho spolupracovníci nenesou odpovědnost za jakékoli neúmyslné chyby nebo opomenutí, které mohou být nalezeny. Materiál v eKnize může obsahovat informace od třetích stran. Materiály třetích stran zahrnují názory vyjádřené jejich vlastníky. Autor e-knihy jako takový nepřebírá odpovědnost ani odpovědnost za jakýkoli materiál nebo názory třetích stran.

Elektronická kniha je chráněna autorským právem © 2022 se všemi právy vyhrazenými. Je nezákonné redistribuovat, kopírovat nebo vytvářet odvozené práce z této e-knihy jako celku nebo zčásti. Žádná část této zprávy nesmí být reprodukována nebo znovu přenášena v jakékoli reprodukované nebo znovu přenášené formě v jakékoli formě bez písemného vyjádřeného a podepsaného souhlasu autora.

OBSAH

OBSAH 3

ÚVOD 7

SNÍDANĚ 8

1.UZENÝ LOSOS A SMETANOVÝ SÝR NA TOASTU 9

2.UZENÝ LOSOS A SMETANOVÝ SÝR NA TOASTU 11

3.LOSOS NA TOASTU SE SÁZENÝM VEJCEM 13

4.SNÍDAŇOVÝ ZÁBAL Z LOSOSA A VAJEC 16

PŘEDKRMY 18

5.SMETANOVÉ BRAMBOROVÉ KOUSNUTÍ Z LOSOSA 19

6.DIP Z UZENÉHO LOSOSA 21

7.SVAČINA, KOUŘOVÉ LOSOSOVÉ JEDNOHUBKY 23

8.ZAPEČENÉ LOSOSOVÉ KROKETY 25

9.BALÍČKY PEČENÉHO LOSOSA 28

10.PŘEDKRM Z ČERNÝCH FAZOLÍ A LOSOSA 30

11.LOSOSOVÉ ROLKY 32

HLAVNÍ CHOD 34

12.KOUZELNÝ PEČENÝ LOSOS 35

13.LOSOS S GRANÁTOVÝM JABLKEM A QUINOOU 37

14.PEČENÝ LOSOS A SLADKÉ BRAMBORY 40

15.PEČENÝ LOSOS S OMÁČKOU Z ČERNÝCH FAZOLÍ 43

16.PAPRIKOVÝ GRILOVANÝ LOSOS SE ŠPENÁTEM 46

17.LOSOSOVÉ TERIYAKI SE ZELENINOU 48

18.LOSOS NA ASIJSKÝ ZPŮSOB S NUDLEMI 51

19.POŠÍROVANÝ LOSOS V RAJČATOVÉM ČESNEKOVÉM VÝVARU 54

20. POŠÍROVANÝ LOSOS 57

21.POŠÍROVANÝ LOSOS SE ZELENOU BYLINKOVOU SALSOU 59

22.POŠÍROVANÝ LOSOS S LEPKAVOU RÝŽÍ 62

23.CITRUSOVÝ FILET Z LOSOSA 65

24.LOSOSOVÉ LASAGNE 68

25.TERIYAKI FILETY Z LOSOSA 71

26.KŘUPAVÁ KŮŽE Z LOSOSA S KAPAROVÝM DRESINKEM 73

27.FILET Z LOSOSA S KAVIÁREM 75

28.STEAKY Z LOSOSA NA GRILU Z ANČOVIČKY 78

29.BBQ KOUŘOVĚ GRILOVANÝ LOSOS 81

30.LOSOS GRILOVANÝ NA DŘEVĚNÉM UHLÍ A ČERNÉ FAZOLE 83

31.FIRECRACKER GRILOVANÝ ALJAŠSKÝ LOSOS 86

32.FLASH GRILOVANÝ LOSOS 89

33.GRILOVANÝ LOSOS A TĚSTOVINY S CHOBOTNICÍ 92

34.LOSOS S GRILOVANOU CIBULKOU 95

35.LOSOS Z CEDROVÝCH PRKEN 98

36.LOSOS S UZENÝM ČESNEKEM 100

37.GRILOVANÝ LOSOS S ČERSTVOU BROSKVÍ 102

38.ZÁZVOROVÝ GRILOVANÝ LOSOSOVÝ SALÁT 105

39.GRILOVANÝ LOSOS S FENYKLOVÝM SALÁTEM 108

40.GRILOVANÝ LOSOS S BRAMBOREM A ŘEŘICHOU 111

41.LOSOSOVÁ VINA OLKI 114

42.LOSOSOVÝ A HŘIBOVÝ KEBAB 116

43.GRILOVANÝ DIVOKÝ KRÁLOVSKÝ LOSOS 118

44.STEAKY Z LOSOSA S JAVOROVÝM SIRUPEM 121

45.LOSOSOVÁ A KUKUŘIČNÁ POLÉVKA 123

46.LOSOS SUŠENÝ V KOPRU 126

47.ČERSTVÉ ATLANTICKÉ SOTÉ Z LOSOSA 129

48.GRILOVANÝ LOSOS S PANCETTOU 131

49.PIKANTNÍ KOKOSOVÝ VÝVAR S LOSOSEM 134

50.COLUMBIA RIVER CHINOOK 137

51.LOSOS A ZELENINA PEČENÝ V TROUBĚ 139

52.LOSOS GLAZOVANÝ SÓJOU A MEDEM 141

53.PIKANTNÍ LOSOSOVÁ A NUDLOVÁ POLÉVKA 143

54.POŠÍROVANÝ LOSOS SE ZELENOU BYLINKOVOU SALSOU 146

55.LOSOS GLAZOVANÝ S MEDOVOU HOŘČICÍ 148

56.KŘENOVÝ LOSOS 150

57.TEPLÝ LOSOS A BRAMBOROVÝ SALÁT 152

58.LOSOS Z JEDNOHO HRNCE S RÝŽÍ A HRÁŠKEM 154

59.ČESNEK GRILOVANÝ LOSOS S RAJČATY A CIBULÍ 156

60.PEČENÝ LOSOS S OMÁČKOU Z ČERNÝCH FAZOLÍ 158

61.LOSOSOVÉ RYBÍ KOLÁČE SE ZELENINOVOU RÝŽÍ 160

62.SOJOVÝ ZÁZVOR LOSOS 163

63.LOSOS S CHILLI KOKOSOVOU OMÁČKOU 165

64.PAPRIKOVÝ GRILOVANÝ LOSOS SE ŠPENÁTEM 167

65.LOSOSOVÉ TERIYAKI SE ZELENINOU 169

66.GRILOVANÝ LOSOS S ČERSTVOU BROSKVÍ 172

67.LOSOS SE SMETANOVÝM PESTEM 174

68.SALÁT Z LOSOSA A AVOKÁDA 176

69.LOSOSOVÁ ZELENINOVÁ POLÉVKA 178

70.KRÉMOVÉ TĚSTOVINY Z UZENÉHO LOSOSA 180

71.ČERNÝ LOSOS S MÍCHANOU ZELENINOVOU RÝŽÍ 183

72.SALSA ZÁZVOROVÝ LOSOS S MEDOVICOVÝM MELOUNEM 186

73.LOSOS NA ASIJSKÝ ZPŮSOB S NUDLEMI 188

74.CITRONOVÁ RÝŽE S SMAŽENÝM LOSOSEM 190

LOSOSOVÉ SALÁTY 193

75.ALJAŠSKÝ TĚSTOVINOVÝ SALÁT S LOSOSEM A AVOKÁDEM 194

76.SALÁTOVÝ SENDVIČ Z ALJAŠSKÉHO LOSOSA 197

77.UZENÝ LOSOS, OKURKA A TĚSTOVINOVÝ SALÁT 199

78.KARAMELIZOVANÝ LOSOS NA TEPLÉM BRAMBOROVÉM SALÁTU 202

79.SALÁT S MRAŽENÝM LOSOSEM 205

80.COOL SALÁT PRO MILOVNÍKY LOSOSA 207

81. SALÁT S KOPROVANÝM LOSOSEM 210
82. LOSOS S KŘUPAVÝMI BYLINKAMI A ORIENTÁLNÍM SALÁTEM 213
83. OSTROVNÍ LOSOSOVÝ SALÁT 215
84. MALAJSKÁ BYLINKOVÁ RÝŽE A LOSOSOVÝ SALÁT 218
85. SALÁT Z MÁTOVÉHO LOSOSA 221
86. SMAŽENÝ LOSOS S BRAMBOROVÝM SALÁTEM 224
87. SALÁT S TĚSTOVINAMI A UZENÝM LOSOSEM 227
88. TĚSTOVINOVÝ SALÁT S LOSOSEM A CUKETOU 230
89. STUDENÝ SALÁT Z POŠÍROVANÉHO LOSOSA 232

LOSOSOVÉ POLÉVKY 235

90. LOSOSOVÁ ZELENINOVÁ POLÉVKA 236
91. KRÉMOVÁ LOSOSOVÁ POLÉVKA 238
92. LETNÍ POLÉVKA Z IRSKÉHO UZENÉHO LOSOSA 241
93. SÝROVÁ LOSOSOVÁ POLÉVKA 244
94. BRAMBOROVÁ SÝROVÁ POLÉVKA S LOSOSEM 247
95. BRAMBOROVÁ POLÉVKA S UZENÝM LOSOSEM 250
96. LOSOSOVO-BRAMBOROVÁ POLÉVKA 253
97. ČISTÁ LOSOSOVÁ POLÉVKA 256

DEZERT 260

98. BYLINKOVÉ LOSOSOVÉ KOLÁČE 261
99. LOSOSOVÝ BOCHNÍK 263
100. ALJAŠSKÉ KOLÁČKY Z MOŘSKÝCH PLODŮ 265

ZÁVĚR 268

ÚVOD

Co je losos?

Losos je mastná ryba, která je obvykle klasifikována podle oceánu, ve kterém se nachází. V Tichomoří jsou považováni za součást rodu Oncorhynchus a v Atlantiku patří do rodu Salmo. Existuje pouze jeden stěhovavý atlantický druh, ale existuje pět druhů tichomořských lososů: Chinook (nebo král), sockeye (nebo červený), coho (nebo stříbrný), růžový a kamarád.

Nutriční výhody lososa

100g porce lososa (chovaného, vařené) obsahuje:

A. 232 kcal / 969 kJ

B. 25,2 g bílkovin

C. 14,6 g tuku

D. 7,3 mcg vitaminu D

E. 20 mcg selenu

SNÍDANĚ

1. Uzený losos a smetanový sýr na toastu

Ingredience:

- 8 plátků francouzské bagety nebo žitného chleba

- $\frac{1}{2}$ šálku změklého smetanového sýra

- 2 polévkové lžíce bílé cibule, nakrájené na tenké plátky

- 1 šálek uzeného lososa, nakrájeného na plátky

- $\frac{1}{4}$ šálku másla, nesolené odrůdy

- $\frac{1}{2}$ lžičky italského koření

- Listy kopru, jemně nasekané

- Sůl a pepř na dochucení

Pokyny:

a) V malé pánvi rozpustíme máslo a postupně přidáváme italské koření. Směs rozetřete na plátky chleba.
b) Opékejte je několik minut pomocí toustovače.
c) Na toastový chléb namažte trochu smetanového sýra. Poté pokladte uzeným lososem a tenkými plátky červené cibule. Postup opakujte, dokud nespotřebujete všechny plátky toastového chleba.
d) Přendejte na servírovací talíř a navrch ozdobte jemně nasekanými lístky kopru.

2. Uzený losos a smetanový sýr na toastu

Porce: 5 porcí

Ingredience

- 8 plátků francouzské bagety nebo žitného chleba
- $\frac{1}{2}$ šálku změklého smetanového sýra
- 2 polévkové lžíce bílé cibule, nakrájené na tenké plátky
- 1 šálek uzeného lososa, nakrájeného na plátky
- $\frac{1}{4}$ šálku másla, nesolené odrůdy
- $\frac{1}{2}$ lžičky italského koření
- Listy kopru, jemně nasekané
- Sůl a pepř na dochucení

Pokyny:

a) V malé pánvi rozpustíme máslo a postupně přidáváme italské koření. Směs rozetřete na plátky chleba.

b) Opékejte je několik minut pomocí toustovače.

c) Na toastový chléb namažte trochu smetanového sýra. Poté pokladʼte uzeným lososem a tenkými plátky červené cibule. Postup opakujte, dokud nespotřebujete všechny plátky toastového chleba.

d) Přendejte na servírovací talíř a navrch ozdobte jemně nasekanými lístky kopru.

3. Losos na toastu se sázeným vejcem

Ingredience

- 2 filety z lososa

- 1 svazek chřestu, nakrájený

- 2 silné plátky opečeného kváskového chleba, čerstvě nakrájeného

- 2 vejce z volného chovu

Pokyny:

a) Vyjměte filety z vnějšího sáčku a poté (zamražené a stále v jednotlivých sáčcích) vložte filety do pánve a zalijte studenou vodou. Přiveďte k varu a 15 minut vařte doměkka.

b) Po uvaření vyjměte filety z lososa z sáčků a položte na talíř, zatímco budete pokrm skládat.

c) Zatímco se losos vaří, připravte si nizozemsku. Na pánev, kterou jste do poloviny naplnili vodou a na mírném ohni přiveďte k mírnému varu, dejte misku z žáruvzdorného skla. Nyní rozpusťte máslo v samostatné malé pánvi a poté stáhněte z ohně.

d) Oddělené žloutky dejte do mísy nad teplou vodu a začněte šlehat a postupně přidávejte bílý vinný ocet. Pokračujte ve šlehání a poté přidejte rozpuštěné máslo. Směs se spojí a vytvoří lahodně hladkou, hustou omáčku. Pokud se vám omáčka zdá příliš hustá, přidejte pár kousků citronové šťávy. Lehce dochuťte trochou soli a trochou čerstvě mletého černého pepře.

e) Naplňte pánev vroucí vodou z konvice a přiveďte k mírnému varu na středním plameni, přidejte špetku mořské soli. Vejce rozklepněte jednotlivě do šálků a poté před přidáním vajec po jednom promíchejte vodu, aby se dala do pohybu.

f) Necháme vařit – 2 minuty na měkké vejce, 4 minuty na tužší. Vyjměte z pánve děrovanou lžící, aby odkapal. Poté vložte osm listů chřestu do hrnce s vroucí vodou a vařte $1 - 1\frac{1}{2}$ minuty, dokud nezměkne. Mezitím dejte toasty opéct.

g) Toast potřete máslem a navrch dejte chřest, poté sázené vejce, lžíci nebo dvě holandské a nakonec pošírovaný filet z lososa.

h) Dochuťte mořskou solí a mletým černým pepřem a ihned snězte!

4. Snídaňový zábal z lososa a vajec

Podává: 1

Ingredience

- 2 velká vejce britského lva, rozšlehaná
- 1 polévková lžíce nasekaného čerstvého kopru nebo pažitky
- Špetka soli a čerstvě mletého černého pepře
- Kapku olivového oleje
- 2 polévkové lžíce řeckého jogurtu bez tuku
- Trochu nastrouhané kůry a šťávy z citronu
- 40 g uzeného lososa, nakrájeného na proužky
- Hrst řeřichy, špenát a rukolový listový salát

Pokyny:

a) Ve džbánu rozšleháme vejce, bylinky, sůl a pepř. Rozehřejte nepřilnavou pánev, přidejte olej a poté nalijte vejce a vařte jednu minutu, nebo dokud vejce na povrchu neztuhne.

b) Odklopte a vařte další minutu, dokud základ nezezlátne. Přeneste na desku vychladnout.

c) Jogurt smíchejte s citronovou kůrou a šťávou a velkým množstvím mletého černého pepře. Uzeného lososa potřeme vaječným obalem, poklademe listy a pokapeme jogurtovou směsí.

d) Vaječný obal srolujte a zabalte do papíru k podávání.

PŘEDkrmy

5. Smetanové bramborové kousnutí z lososa

Porce: 10 porcí

Ingredience:
- 20 červených brambor
- 200 gramů uzeného lososa nakrájeného na kousky
- 1 šálek zakysané smetany
- 1 středně velká bílá cibule, nasekaná najemno
- Sůl a pepř na dochucení
- Listy čerstvého kopru, nasekané nadrobno

Pokyny:
a) Přiveďte k varu velký hrnec vody a poté do hrnce přidejte 2 polévkové lžíce soli. Brambory vložte do hrnce a vařte 8–10 minut nebo dokud nejsou brambory uvařené.
b) Brambory ihned vylovte z hrnce a dejte je do mísy. Zalijte je studenou vodou, abyste zastavili proces vaření. Dobře sceďte a dejte stranou.
c) Ve střední misce smíchejte zbytek ingrediencí. Nechte 5-10 minut vychladit v lednici.
d) Brambory nakrájejte na poloviny a oškrábejte některé části středu brambor. Do vychlazené smetanové směsi vhoďte nabránou dužinu brambor. Dobře promíchejte se zbytkem ingrediencí.
e) Brambory ozdobte krémovou směsí pomocí lžičky nebo sáčku.
f) Před podáváním posypte dalšími jemně nasekanými lístky kopru.

6. Dip z uzeného lososa

Porce: 4 porce

Ingredience:
- 1 šálek uzeného lososa, nakrájeného
- 1 šálek smetanového sýra, pokojová teplota
- $\frac{1}{2}$ šálku zakysané smetany, odrůda se sníženým obsahem tuku
- 1 polévková lžíce citronové šťávy, čerstvě vymačkané
- 1 lžíce nasekané pažitky nebo kopru
- $\frac{1}{2}$ lžičky horké omáčky
- Sůl a pepř na dochucení
- Plátky francouzské bagety nebo pšeničné tenké krekry pro podávání

Pokyny:
a) V kuchyňském robotu nebo elektrickém mixéru nalijte smetanový sýr, zakysanou smetanu, citronovou šťávu a horkou omáčku. Směs utřete do hladka.
b) Přeneste směs do nádoby. Přidejte nakrájeného uzeného lososa a nasekanou pažitku a důkladně promíchejte.
c) Směs dejte na hodinu do lednice, poté ozdobte ještě nasekanou pažitkou. Vychlazenou lososovou pomazánku podávejte s plátky bagety nebo tenkými krekry.

7. Svačina, kouřové lososové jednohubky

Výtěžek: 1 porce

Přísada

- 6 uncí smetanový sýr (změkčený)
- 25 jednohubek základů petržel
- 2 lžičky Připravená hořčice
- 4 unce uzeného lososa

Pokyny:

a) Smíchejte smetanový sýr a hořčici; část směsi tence rozetřeme na základ jednohubek.

b) Na každou jednohubku položte kousek lososa, navrch tečku zbylou směsí, nebo pokud chcete, natřete všechnu smetanovou směs kolem základny.

c) Každý navrch položte snítkou petrželky.

8. Zapečené lososové krokety

Výtěžek: 6 porcí

Přísada

- 2 lžíce másla; změkčil
- $1\frac{1}{2}$ libry čerstvého lososa; vařené
- 2 šálky Čerstvé strouhanky
- 1 lžíce jarní cibulky
- 1 lžíce čerstvého kopru; ustřižený
- $\frac{1}{2}$ citronu; kůra, strouhaná
- 1 vejce
- 1 šálek těžké smetany
- $\frac{1}{2}$ lžičky soli
- $\frac{1}{2}$ šálku zakysané smetany
- Kaviár
- Klínky citronu

Pokyny:

a) Vložte lososa ve vločkách do misky.

b) Přidejte $\frac{3}{4}$ šálku strouhanky, jarní cibulku, kopr, citronovou kůru, vejce a smetanu. Jemně promíchejte vidličkou. Dochuťte solí, pepřem a kajenským pepřem. Potřeme zbylými lžícemi másla.

c) Uspořádejte poháry do pekáče. Nalijte tolik horké vody, aby sahala do poloviny stran ramekins. Pečte, dokud nebude poměrně pevný a ztuhlý, asi 30 minut.

d) Ochlaďte 5 až 10 minut.

e) Krokety mohou být neformované, pravou stranou nahoru, nebo podávané v ramekins. Každou kroketu ozdobte zakysanou smetanou a kaviárem nebo jednoduše ozdobte citronem.

9. Balíčky pečeného lososa

Výtěžek: 4 porce

Přísada

- 4 filety z lososa

- 4 lžičky másla

- 8 snítek tymiánu, čerstvé

- 8 snítek petržele, čerstvé

- 4 stroužky česneku, mleté

- 4 lžíce bílého vína, suché

- $\frac{1}{2}$ lžičky soli

- $\frac{1}{2}$ lžičky černého pepře, mletého

Pokyny:

a) Předehřejte troubu na 400 stupňů. Umístěte 4 velké kusy fólie na pracovní plochu lesklou stranou dolů. Vnitřek postříkejte sprejem na vaření zeleniny. Na každý kousek fólie položte rybí filet. Mezi ryby rovnoměrně rozdělte tymián, petržel, česnek, sůl, pepř a víno.

b) Každý filet potřete jednou čajovou lžičkou másla a poté bezpečně přehněte a utěsněte okraje. Balíčky položte na plech a pečte 10-12 minut. Balíčky položte na talíře a opatrně otevřete.

10. Předkrm z černých fazolí a lososa

Přísada

- 8 kukuřičných tortill;

- 16 uncí kukuřičných černých fazolí;

- 7 uncí růžového lososa

- 2 lžíce světlicového oleje

- $\frac{1}{4}$ šálku čerstvé limetkové šťávy

- $\frac{1}{4}$ šálku čerstvé petrželky; sekaný

- $\frac{1}{2}$ lžičky cibulového prášku

- $\frac{1}{2}$ lžičky celerové soli

- $\frac{3}{4}$ lžičky mletého kmínu

- $\frac{3}{4}$ lžičky česneku; mletý

- $\frac{1}{2}$ lžičky limetkové kůry; strouhaný

- $\frac{1}{4}$ lžičky vloček červené papriky; sušené

- $\frac{1}{4}$ lžičky chilli papričky;

Pokyny:

a) Předehřejte troubu na 350 stupňů. Tortilly nakrájejte na trojúhelníky a opékejte v troubě dokřupava, asi 5 minut.

b) Zkombinujte fazole a lososa a nastrouhejte lososa vidličkou.

c) Smíchejte zbývající přísady; ochlaďte, aby se chutě propojily. Podávejte s tortilla chipsy

11. Lososové rolky

Výtěžek: 6 porcí

Přísada

- 6 Uzený losos; na tenké plátky
- 1 Připravené chlebové těsto
- 1 vejce; zbitý
- Zelená cibule; jemně nasekané
- Čerstvě mletý pepř

Pokyny:

a) Po rozmrazení vyválejte připravené těsto do 9palcového kruhu.

b) Vršek zakryjte proužky lososa a přidejte koření.

c) Kruh nakrájejte na kousky ve tvaru klínu a každý z nich pevně srolujte, začněte na vnějším okraji. Roládu potřeme rozšlehaným vejcem a pečeme při 425 °C asi 15 minut.

d) Podávejte teplé jako předkrm nebo k obědu.

HLAVNÍ CHOD

12. Kouzelný pečený losos

Vyrobí 1 porci

Ingredience

- 1 filet z lososa
- 2 lžičky Losos Magic
- Máslo nesolené, rozpuštěné

Pokyny

a) Zahřejte troubu na 450 F.
b) Vršek a boky filetu lososa lehce potřete rozpuštěným máslem. Menší plech potřete rozpuštěným máslem.
c) Vršek a boky filetu z lososa okořeňte Lososovým kouzlem. Pokud je filet hustý, použijte ještě trochu Salmon Magic. Jemně vtlačte koření.
d) Filet položte na plech a pečte, dokud není vršek zlatohnědý a filet je právě propečený. Aby byl losos vlhký, růžový, nepřevařujte. Ihned podávejte.
e) Doba vaření: 4 až 6 minut.

13. Losos s granátovým jablkem a quinoou

Porce: 4 porce

Ingredience

- 4 filety lososa bez kůže
- $\frac{3}{4}$ šálku šťávy z granátového jablka, bez cukru (nebo odrůda s nízkým obsahem cukru)
- $\frac{1}{4}$ šálku pomerančové šťávy, bez cukru
- 2 polévkové lžíce pomerančové marmelády/džemu
- 2 polévkové lžíce česneku, mletého
- Sůl a pepř na dochucení
- 1 šálek quinoa, uvařené podle balení
- Pár snítek koriandru

Pokyny:

a) Ve střední misce smíchejte šťávu z granátového jablka, pomerančový džus, pomerančovou marmeládu a česnek. Dochuťte solí a pepřem a dochuťte podle chuti.

b) Předehřejte troubu na 400 F. Zapékací mísu vymažeme změklým máslem. Umístěte lososa na pekáč a mezi filety ponechejte 1-palcový prostor.

c) Lososa vařte 8-10 minut. Poté pánev opatrně vyndejte z trouby a vlijte do ní směs z granátového jablka. Ujistěte se, že vršek lososa je rovnoměrně potažen směsí. Vraťte lososa do trouby a pečte dalších 5 minut, nebo dokud není úplně propečený a směs z granátového jablka se změní na zlatavou polevu.

d) Zatímco se losos vaří, připravte si quinou. Vařte 2 šálky vody na středním plameni a přidejte quinou. Vařte 5-8 minut nebo dokud se voda nevstřebá. Odstavte oheň, quinou načechrejte vidličkou a vraťte poklici. Ve zbylém teple nechte quinou vařit dalších 5 minut.

e) Lososa s granátovým jablkem přeneste do servírovací misky a posypte čerstvě nasekaným koriandrem. Lososa podáváme s quinoou.

14. Pečený losos a sladké brambory

Porce: 4 porce

Ingredience

- 4 filety lososa, zbavené kůže
- 4 středně velké sladké brambory, oloupané a nakrájené na 1 palec silné
- 1 šálek růžičky brokolice
- 4 polévkové lžíce čistého medu (nebo javorového sirupu)
- 2 polévkové lžíce pomerančové marmelády/džemu
- 1 1-palcový knoflík čerstvého zázvoru, nastrouhaný
- 1 lžička dijonské hořčice
- 1 polévková lžíce sezamových semínek, opražených
- 2 polévkové lžíce nesoleného másla, rozpuštěného
- 2 lžičky sezamového oleje
- Sůl a pepř na dochucení
- Jarní cibulka/cibulka, čerstvě nakrájená

Pokyny:

a) Předehřejte troubu na 400 F. Pekáč vymažeme rozpuštěným nesoleným máslem.
b) Do pánve dejte nakrájené batáty a růžičky brokolice. Lehce dochutíme solí, pepřem a lžičkami sezamového oleje. Ujistěte se, že je zelenina lehce potažená sezamovým olejem.
c) Brambory a brokolici pečte 10-12 minut.
d) Zatímco je zelenina ještě v troubě, připravte si sladkou polevu. Do mixovací nádoby přidejte med (nebo javorový sirup), pomerančový džem, nastrouhaný zázvor, sezamový olej a hořčici.
e) Opatrně vyjměte pekáč z trouby a zeleninu rozložte na stranu, aby bylo místo pro ryby.
f) Lososa lehce dochutíme solí a pepřem.
g) Filety lososa položte doprostřed pekáče a nalijte na lososa a zeleninu sladkou polevu.
h) Vraťte pánev do trouby a pečte dalších 8-10 minut, nebo dokud losos nezměkne.
i) Přeneste lososa, sladké brambory a brokolici na pěkný servírovací talíř. Ozdobte sezamovými semínky a jarní cibulkou.

15. Pečený losos s omáčkou z černých fazolí

Porce: 4 porce

Ingredience

- 4 filety z lososa, zbavené kůže a špendlíkových kostí
- 3 polévkové lžíce omáčky z černých fazolí nebo česnekové omáčky z černých fazolí
- ½ šálku kuřecího vývaru (nebo zeleninového vývaru jako zdravější náhrady)
- 3 polévkové lžíce česneku, mletého
- 1 1-palcový knoflík čerstvého zázvoru, nastrouhaný
- 2 polévkové lžíce sherry nebo saké (nebo jakéhokoli vína na vaření)
- 1 polévková lžíce citronové šťávy, čerstvě vymačkané
- 1 polévková lžíce rybí omáčky
- 2 polévkové lžíce hnědého cukru
- ½ lžičky červených chilli vloček
- Čerstvé lístky koriandru, jemně nasekané
- Jarní cibulka jako ozdoba

Pokyny:

a) Velký pekáč vymažte tukem nebo jej vyložte pečicím papírem. Předehřejte troubu na 350 F.

b) Smíchejte kuřecí vývar a omáčku z černých fazolí ve střední misce. Přidejte mletý česnek, nastrouhaný zázvor, sherry, citronovou šťávu, rybí omáčku, hnědý cukr a chilli vločky. Důkladně promíchejte, dokud se hnědý cukr úplně nerozpustí.

c) Filety lososa přelijte omáčkou z černých fazolí a nechte lososa plně absorbovat směs černých fazolí po dobu alespoň 15 minut.

d) Lososa přendáme do pekáče. Vařte 15-20 minut. Ujistěte se, že losos v troubě příliš nevysuší.

e) Podávejte s nasekaným koriandrem a jarní cibulkou.

16. Paprikový grilovaný losos se špenátem

Porce: 6 porcí

Ingredience

- 6 filetů z růžového lososa o tloušťce 1 palec
- $\frac{1}{4}$ šálku pomerančové šťávy, čerstvě vymačkané
- 3 lžičky sušeného tymiánu
- 3 polévkové lžíce extra panenského olivového oleje
- 3 lžičky mleté sladké papriky
- 1 lžička skořice v prášku
- 1 polévková lžíce hnědého cukru
- 3 šálky špenátových listů
- Sůl a pepř na dochucení

Pokyny:

a) Filety lososa z každé strany lehce potřete trochou oliv, poté dochuťte mletou paprikou, solí a pepřem. Odstavte na 30 minut při pokojové teplotě. Necháme lososa absorbovat paprikovou drť.

b) V malé misce smíchejte pomerančovou šťávu, sušený tymián, skořici a hnědý cukr.

c) Předehřejte troubu na 400 F. Lososa přendejte do alobalem vyloženého pekáče. Nalijte marinádu na lososa. Lososa vařte 15-20 minut.

d) Do velké pánve přidejte lžičku extra panenského olivového oleje a špenát vařte asi pár minut nebo dokud nezvadne.

e) Upečeného lososa podávejte se špenátem na boku.

17. Lososové teriyaki se zeleninou

Porce: 4 porce

Ingredience

- 4 filety z lososa, zbavené kůže a špendlíkových kostí
- 1 velký sladký brambor (nebo jednoduše brambor), nakrájený na kousky velikosti sousta
- 1 velká mrkev, nakrájená na kousky
- 1 velká bílá cibule, nakrájená na měsíčky
- 3 velké papriky (zelená, červená a žlutá), nakrájené
- 2 šálky růžičky brokolice (lze nahradit chřestem)
- 2 polévkové lžíce extra panenského olivového oleje
- Sůl a pepř na dochucení
- Jarní cibulky nakrájené nadrobno
- Teriyaki omáčka
- 1 šálek vody
- 3 polévkové lžíce sójové omáčky
- 1 lžíce česneku, mletého
- 3 polévkové lžíce hnědého cukru
- 2 polévkové lžíce čistého medu
- 2 lžíce kukuřičného škrobu (rozpuštěné ve 3 lžících vody)
- $\frac{1}{2}$ polévkové lžíce pražených sezamových semínek

Pokyny:

a) V malé pánvi rozšlehejte na mírném ohni sójovou omáčku, zázvor, česnek, cukr, med a vodu. Průběžně mícháme, dokud se směs pomalu nerozvaří. Vmíchejte vodu z kukuřičného škrobu a počkejte, až směs zhoustne. Přidejte sezamová semínka a dejte stranou.

b) Velký pekáč vymažte nesoleným máslem nebo sprejem na vaření. Předehřejte troubu na 400 F.

c) Do velké mísy vysypte všechnu zeleninu a pokapejte olivovým olejem. Dobře promíchejte, dokud nebude zelenina dobře obalená olejem. Dochutíme čerstvě mletým pepřem a trochou soli. Zeleninu přendejte do pekáče. Zeleninu rozložte do stran a ve středu zapékací mísy nechte trochu místa.

d) Umístěte lososa do středu pekáče. Nalijte 2/3 teriyaki omáčky k zelenině a lososu.

e) Lososa pečte 15-20 minut.

f) Pečeného lososa a pečenou zeleninu přeneste na pěkný servírovací talíř. Zalijte zbylou teriyaki omáčkou a ozdobte nakrájenou jarní cibulkou.

18. Losos na asijský způsob s nudlemi

Porce: 4 porce

Ingredience

Losos

- 4 filety lososa, zbavené kůže
- 2 polévkové lžíce praženého sezamového oleje
- 2 polévkové lžíce čistého medu
- 3 polévkové lžíce světlé sójové omáčky
- 2 polévkové lžíce bílého octa
- 2 polévkové lžíce česneku, mletého
- 2 polévkové lžíce čerstvého zázvoru, nastrouhaného
- 1 lžička pražených sezamových semínek
- Nakrájená jarní cibulka na ozdobu

Rýžové nudle

- 1 balení asijských rýžových nudlí

Omáčka

- 2 polévkové lžíce rybí omáčky
- 3 polévkové lžíce limetkové šťávy, čerstvě vymačkané
- Chilli vločky

Pokyny:

a) Na lososovou marinádu smíchejte sezamový olej, sójovou omáčku, ocet, med, mletý česnek a sezamová semínka. Nalijte do lososa a nechte rybu 10-15 minut marinovat.

b) Lososa vložíme do zapékací misky, kterou lehce vymažeme olivovým olejem. Vařte 10-15 minut při 420F.

c) Zatímco je losos v troubě, uvařte rýžové nudle podle návodu na obalu. Dobře sceďte a přendejte do jednotlivých misek.

d) Rybí omáčku, limetkovou šťávu a chilli vločky smícháme a vlijeme do rýžových nudlí.

e) Naplňte každou misku s nudlemi čerstvě upečenými filety lososa. Ozdobte jarní cibulkou a sezamovými semínky.

19. Pošírovaný losos v rajčatovém česnekovém vývaru

Slouží 4

Ingredience

- 8 stroužků česneku
- šalotka
- lžičky extra panenského olivového oleje
- 5 zralých rajčat
- 1 1/2 šálku suchého bílého vína
- 1 šálek vody
- 8 snítek tymiánu 1/4 lžičky mořské soli
- 1/4 lžičky čerstvého černého pepře
- 4 filety z lososa Copper River Sockeye s bílým lanýžovým olejem (volitelně)

Pokyny

a) Oloupejte a nahrubo nasekejte stroužky česneku a šalotku. Do velké dušené nádoby nebo na pánev s pokličkou dejte olivový olej, česnek a šalotku. Vypotíme na středně mírném ohni do změknutí, asi 3 minuty.

b) Do pánve dejte rajčata, víno, vodu, tymián, sůl a pepř a přiveďte k varu. Jakmile se vaří, snižte teplotu na mírný plamen a přikryjte.

c) Vařte 25 minut, dokud rajčata neprasknou a uvolní šťávu. Vařečkou nebo stěrkou rajčata rozdrťte na kaši. Odkryté dusíme dalších 5 minut, dokud se vývar trochu nezredukuje.

d) Zatímco se vývar stále vaří, vložíme do vývaru lososa. Přikryjte a vařte jen 5 až 6 minut, dokud se ryba snadno neloupe. Rybu dejte na talíř a dejte stranou. Do velké mísy dejte cedník a do cedníku nalijte zbývající vývar. Vývar sceďte, zbylé pevné látky vyhoďte. Ochutnejte vývar a v případě potřeby přidejte sůl a pepř.

e) K tomuto jídlu se hodí jednoduchá máslová bramborová kaše nebo dokonce opečené brambory. Poté přidejte restovaný chřest a pošírovaného lososa.

f) Scezeným vývarem zalijeme lososa. Podle potřeby přidejte kapku oleje z bílých lanýžů. Sloužit.

20. Pošírovaný losos

Ingredience

- Malé filety z lososa, přibližně 6 uncí

Pokyny

a) Do malé 5-6palcové pánve na smažení dejte asi půl palce vody, zakryjte ji, zahřejte vodu, aby se vařila, a pak vložte filet zakrytý na čtyři minuty.

b) K lososu nebo do vody přidejte jakékoli koření, které máte rádi.

c) Čtyři minuty opustí centrum nedovařené a velmi šťavnaté.

d) Filet necháme trochu vychladnout a nakrájíme ho na palec a půl široké kousky.

e) Přidejte do salátu včetně hlávkového salátu (jakéhokoli druhu) dobrých rajčat, pěkného zralého avokáda, červené cibule, krutonů a jakéhokoli chutného dresingu.

21. Pošírovaný losos se zelenou bylinkovou salsou

Porce: 4 porce

Ingredience

- 3 šálky vody
- 4 sáčky zeleného čaje
- 2 velké filety z lososa (asi 350 gramů každý)
- 4 polévkové lžíce extra panenského olivového oleje
- 3 polévkové lžíce citronové šťávy, čerstvě vymačkané
- 2 lžíce čerstvě nasekané petrželky
- 2 polévkové lžíce bazalky, čerstvě nasekané
- 2 polévkové lžíce oregana, čerstvě nakrájeného
- 2 polévkové lžíce asijské pažitky, čerstvě nasekané
- 2 lžičky lístků tymiánu
- 2 lžičky česneku, mletého

Pokyny:

a) Ve velkém hrnci přiveďte k varu vodu. Přidejte sáčky zeleného čaje a poté odstraňte z tepla.

b) Čajové sáčky nechte 3 minuty louhovat. Vylovte čajové sáčky z konvice a přiveďte k varu vodu s čajem. Přidejte lososa a snižte teplotu.

c) Filety lososa pošírujte, dokud nebudou ve střední části neprůhledné. Lososa vařte 5–8 minut nebo dokud nebude úplně uvařený.

d) Lososa vyjmeme z hrnce a dáme stranou.

e) Do mixéru nebo kuchyňského robotu nasypte všechny čerstvě nasekané bylinky, olivový olej a citronovou šťávu. Dobře promíchejte, dokud se ze směsi nevytvoří hladká pasta. Pastu dochuťte solí a pepřem. V případě potřeby můžete koření upravit.

f) Pošírovaného lososa podávejte na velkém talíři a posypte čerstvou bylinkovou pastou.

22. Pošírovaný losos s lepkavou rýží

Výtěžek: 1 porce

Ingredience

- 5 šálků olivového oleje
- 2 hlavy zázvoru; rozbitý
- 1 Hlavový česnek; rozbitý
- 1 svazek jarní cibulky; rozsekaný
- 4 kusy lososa; (6 uncí)
- 2 šálky japonské rýže; dušená
- $\frac{3}{4}$ šálku Mirin
- 2 jarní cibulky; rozsekaný
- $\frac{1}{2}$ šálku sušených třešní
- $\frac{1}{2}$ šálku sušených borůvek
- 1 list nori; rozpadl se
- $\frac{1}{2}$ šálku citronové šťávy
- $\frac{1}{2}$ šálku rybího vývaru
- $\frac{1}{4}$ šálku ledového vína
- $\frac{3}{4}$ šálku hroznového oleje
- $\frac{1}{2}$ šálku na vzduchu sušené kukuřice

Pokyny

a) V hrnci zahřejte olivový olej na 160 stupňů. Přidejte rozdrcený zázvor, česnek a jarní cibulku. Směs odstavte z ohně a nechte 2 hodiny vyluhovat. Kmen.

b) Uvařte rýži a poté dochuťte mirinem. Po vychladnutí vmícháme nakrájenou cibulku. Olivový olej zahřejte na 160 stupňů. Přidejte rozdrcený zázvor, česnek a jarní cibulku. Vezměte bobule a mořské řasy.

c) Pro přípravu omáčky přiveďte k varu citronovou šťávu, rybí vývar a ledové víno. Sundejte z ohně a vmíchejte hroznový olej. Dochuťte solí a pepřem.

d) Chcete-li ryby pošírovat, zahřejte olej na pošírování v hlubokém hrnci asi na 160 stupňů. Lososa osolte, opepřete a celý kousek ryby jemně ponořte do oleje. Nechte jemně pošírovat asi 5 minut nebo do změknutí.

e) Zatímco se ryba vaří, dejte na talíř rýžový salát a pokapejte ho citronovou omáčkou. Pošírovanou rybu položte na rýžový salát, když je pošírovaná.

23. Citrusový filet z lososa

Obsluhuje 4 osoby

Ingredience

- $\frac{3}{4}$ kg Filet z čerstvého lososa

- 2 lžíce manuka ochuceného nebo obyčejného medu

- 1 polévková lžíce čerstvě vymačkané limetkové šťávy

- 1 polévková lžíce čerstvě vymačkané pomerančové šťávy

- $\frac{1}{2}$ lžičky limetkové kůry

- $\frac{1}{2}$ lžičky pomerančové kůry

- $\frac{1}{2}$ špetky soli a pepře

- $\frac{1}{2}$ limetky nakrájené na plátky

- $\frac{1}{2}$ pomeranč nakrájený na plátky

- $\frac{1}{2}$ hrsti čerstvého tymiánu a mikrobylin

Pokyny

a) Použijte asi 1,5 kg + Fresh Regal Filet z lososa, kůži, vykostěte.
b) Přidejte pomeranč, limetku, med, sůl, pepř a kůru – dobře promíchejte
c) Půl hodiny před vařením filet potřete cukrářským štětcem a tekutými citrusy.
d) Pomeranč a limetky nakrájejte na tenké plátky
e) Pečte na 190 stupňů 30 minut a poté zkontrolujte, může to vyžadovat dalších 5 minut v závislosti na tom, jak preferujete lososa.
f) Vyjměte z trouby a posypte čerstvým tymiánem a mikro bylinkami

24. Lososové lasagne

Obsluhuje 4 osoby

Ingredience

- 2/3 dílu Mléka pro pytláctví

- 2/3 gramu Vařené pláty lasagní

- 2/3 šálku čerstvého kopru

- 2/3 šálku hrášku

- 2/3 šálku parmazánu

- 2/3 kuličky mozzarelly

- 2/3 omáčka

- 2/3 sáčku baby špenátu

- 2/3 šálku smetany

- 2/3 lžičky muškátového oříšku

Pokyny

a) Nejprve si připravte bešamelovou a špenátovou omáčku a pošírujte lososa. Na bešamelovou omáčku rozpustíme máslo v malém hrnci. Mouku promícháme a za stálého míchání několik minut vaříme do zpěnění.

b) Postupně za stálého míchání přilévejte teplé mléko, dokud není omáčka hladká. Za stálého míchání přiveďte k varu, dokud omáčka nezhoustne. Dochutíme solí a pepřem.

c) Chcete-li udělat špenátovou omáčku, nakrájejte a omyjte špenát. S vodou stále ulpívající na listech dejte špenát do velkého hrnce, přikryjte pokličkou a vařte doměkka, dokud listy nezvadnou.

d) Slijte a vymačkejte přebytečnou vodu. Přeneste špenát do mixéru nebo kuchyňského robotu, přidejte smetanu a muškátový oříšek. Luštěniny, aby se spojily, dochuťte solí a pepřem.

e) Předehřejte troubu na 180°C. Vymažte velkou zapékací mísu. Jemně povařte lososa v mléce, dokud se neuvaří, a poté nakrájejte na velké kousky. Vyhoďte mléko.

f) Dno zapékací misky tence pokryjte 1 šálkem bešamelové omáčky.

g) Na omáčku rozprostřete překrývající se vrstvu plátků lasagní, poté rozetřete na vrstvu špenátové omáčky a rovnoměrně na ni položte polovinu kousků lososa. Posypeme trochou nasekaného kopru. Přidejte další vrstvu lasagní, poté přidejte vrstvu bešamelové omáčky a posypte ji hráškem pro hrubé pokrytí.

h) Znovu opakujte vrstvy, takže lasagne, špenát a losos, kopr, lasagne, bešamelová omáčka a pak hrášek. Zakončete poslední vrstvou lasagní a poté tenkou vrstvou bešamelu. Navrch posypeme strouhaným parmazánem a kousky čerstvé mozzarelly.

i) Lasagne pečte 30 minut nebo dokud nejsou horké

25. Teriyaki filety z lososa

Obsluhuje 4 osoby

Ingredience

- 140 gramů 2 x twin Regal 140 g Čerstvé porce lososa
- 1 šálek(y) moučkového cukru
- 60 ml sójové omáčky
- 60 ml mirin koření
- 60 ml mirin koření
- 1 balení bio nudlí udon

Pokyny

a) Marinujte 4 x 140g kousky lososa Fresh Regal pomocí moučkového cukru, sójové omáčky, mirinové omáčky, všechny 3 ingredience dobře promíchejte a nechte na lososovi 30 minut.

b) Vařte vodu a přidejte organické udon nudle a nechte je rychle vařit 10 minut.

c) Šalotku nakrájíme na tenké plátky a dáme stranou.

d) Porce filetu z lososa opékejte na pánvi na středním až vysokém ohni po dobu 5 minut, poté otočte ze strany na stranu a nalijte další omáčku.

e) Jakmile jsou nudle hotové rozložené na talíři, navrch dejte losos

26. Křupavá kůže z lososa s kaparovým dresinkem

Obsluhuje 4 osoby

Ingredience

- 4 porce čerstvého NZ lososa 140g
- 200 ml prémiového olivového oleje
- 160 ml bílého balzamikového octa
- 2 stroužek česneku rozdrcený
- 4 lžíce nakrájených kapar
- 4 lžíce nasekané petrželky
- 2 lžíce nasekaného kopru

Pokyny

a) Filety lososa obalíme ve 20 ml olivového oleje a dochutíme solí a pepřem.

b) Vařte na vysoké teplotě na nepřilnavé pánvi po dobu 5 minut, otáčejte shora dolů a ze strany na stranu.

c) Zbývající ingredience dejte do mísy a šlehejte, toto je váš dresink, jakmile je losos uvařený, nalijte zálivku na filet kůží nahoru.

d) Podáváme s hruškovým, vlašským, halloumi a rukolovým salátem

27. Filet z lososa s kaviárem

Obsluhuje 4 osoby

Ingredience

- 1 lžička soli

- 1 klínky limetky

- 10 šalotek (cibule) oloupané

- 2 lžíce sójového oleje (extra na kartáčování)

- 250 gramů cherry rajčat rozpůlených

- 1 malá zelená chilli papričmethod nakrájená na tenké plátky

- 4 lžíce limetkové šťávy

- 3 lžíce rybí omáčky

- 1 lžíce cukru

- 1 hrst snítek koriandru

- 1 1/2 kg Filet z čerstvého lososa s/on b/out

- 1 sklenice lososových jiker (kaviár)

- 3/4 okurky oloupané, podélně rozpůlené, zbavené semínek a nakrájené na tenké plátky

Pokyny

a) Předehřejte troubu na 200 °C, ale nakrájenou okurku v keramické misce se solí odstavte na 30 minut a nechte ji naložit.

b) Šalotky dejte do malé zapékací mísy, přidejte sojový olej, dobře promíchejte a vložte do trouby na 30 minut, dokud nezměknou a nezhnědnou.

c) Vyjměte z trouby a nechte vychladnout, mezitím osolenou okurku dobře omyjte pod velkým množstvím studené tekoucí vody, poté ji po hrstech vyždímejte a dejte do mísy.

d) Předehřejte gril v troubě na hodně horko, šalotku rozpůlte a přidejte k okurce.

e) Přidejte rajčata, chilli, limetkovou šťávu, rybí omáčku, cukr, snítky koriandru a sezamový olej a dobře promíchejte.

f) Ochutnejte – podle potřeby dochuťte cukrem a limetkovou šťávou – odložte.

g) Lososa položte na naolejovaný pečicí papír, potřete vršek lososa sójovým olejem, ochuťte solí a pepřem, dejte na 10 minut pod gril nebo dokud nebude uvařený a lehce zhnědlý.

h) Vyjměte z trouby, přesuňte na talíř, posypte směsí rajčat a okurek a lžící lososa.

i) Podávejte s klínky limetky a rýží

28. Steaky z lososa na grilu z ančovičky

Výtěžek: 4 porce

Přísada

- 4 steaky z lososa

- Snítky petrželky

- Plátky citronu ---sardelové máslo-----

- 6 filet z ančoviček

- 2 lžíce mléka

- 6 lžic másla

- 1 kapka omáčky Tabasco

- Pepř

Pokyny

a) Předehřejte gril na vysokou teplotu. Grilovací rošt namažte olejem a položte každý steak, aby byl zajištěn rovnoměrný ohřev. Na každý steak položte malý knoflík sardelového másla (čtvrtinu směsi rozdělte na čtyři). Grilujte 4 minuty.

b) Otočte steaky s plátkem ryby a mezi steaky dejte další čtvrtinu másla. Grilujeme z druhé strany 4 minuty. Snižte teplotu a nechte vařit další 3 minuty, méně, pokud jsou steaky tenké.

c) Podávejte s úhledně naaranžovaným plátkem sardelového másla navrch každého steaku.

d) Ozdobte snítkou petrželky a kolečky citronu.

e) Sardelové máslo: Všechny filety sardel namočíme do mléka. Vařečkou rozmačkejte v misce do krémova. Všechny ingredience smícháme dohromady a vychladíme.

f) Slouží 4.

29. BBQ kouřově grilovaný losos

Výtěžek: 4 porce

Přísada

- 1 lžička nastrouhaná kůra z limetky
- $\frac{1}{4}$ šálku limetkové šťávy
- 1 lžíce rostlinného oleje
- 1 lžička dijonské hořčice
- 1 špetka pepře
- 4 steaky z lososa, 1 palec tlusté [1-1/2 lb.]
- ⅓šálku pražených sezamových semínek

Pokyny

a) V mělké misce smíchejte kůru a šťávu z limetky, olej, hořčici a pepř; přidat ryby, přeměnit na kabát. Zakryjte a marinujte při pokojové teplotě po dobu 30 minut, občas otočte.

b) Rezervovat marinádu, odstranit ryby; posypeme sezamovým semínkem. Umístěte na vymaštěný gril přímo na střední teplotu. Přidejte namočené dřevěné třísky.

c) Přikryjte a vařte, v polovině obracení a podlévání marinádou po dobu 16–20 minut, nebo dokud se ryba nebude při testování vidličkou snadno loupat.

30. Losos grilovaný na dřevěném uhlí a černé fazole

Výtěžek: 4 porce

Přísada

- $\frac{1}{2}$ libry černých fazolí; promočený
- 1 malá cibule; sekaný
- 1 malá mrkev
- $\frac{1}{2}$ celerového žebra
- 2 unce šunky; sekaný
- 2 papričky Jalapeno; odstopkované a nakrájené na kostičky
- 1 stroužek česneku
- 1 bobkový list; svázaný s
- 3 snítky tymiánu
- 5 šálků vody
- 2 stroužky česneku; mletý
- $\frac{1}{2}$ lžičky vloček pálivé papriky
- $\frac{1}{2}$ citronu; odšťavněný
- 1 citron; odšťavněný
- $\frac{1}{3}$ šálku olivového oleje
- 2 lžíce čerstvé bazalky; sekaný
- 24 uncí steaky z lososa

Pokyny

a) Smíchejte ve velkém hrnci fazole, cibuli, mrkev, celer, šunku, jalapenos, celý stroužek česneku, bobkový list s tymiánem a vodu. Vařte, dokud fazole nezměknou, asi 2 hodiny, podle potřeby přidejte další vodu, aby fazole zůstaly zakryté.

b) Vyjměte mrkev, celer, bylinky a česnek a slijte zbývající tekutinu z vaření. Fazole promíchejte s nasekaným česnekem, feferonkami a šťávou z $\frac{1}{2}$ citronu. Dát stranou.

c) Zatímco se fazole vaří, smíchejte šťávu z celého citronu, olivový olej a lístky bazalky. Nalijte na steaky z lososa a dejte na 1 hodinu do lednice. Lososa grilujte na středně vysokém plameni 4–5 minut z každé strany a každou minutu podlévejte trochou marinády. Každý steak podávejte s porcí fazolí.

31. Firecracker grilovaný aljašský losos

Výtěžek: 4 porce

Přísada

- 4 6 oz. steaky z lososa
- $\frac{1}{4}$ šálku arašídového oleje
- 2 lžíce sójové omáčky
- 2 lžíce balzamikového octa
- 2 lžíce nakrájené jarní cibulky
- 1$\frac{1}{2}$ lžičky hnědého cukru
- 1 stroužek česneku, mletý
- $\frac{3}{4}$ čajové lžičky nastrouhaného kořene čerstvého zázvoru
- $\frac{1}{2}$ lžičky červených chilských vloček nebo více
- Chuť
- $\frac{1}{2}$ lžičky sezamového oleje
- $\frac{1}{8}$ lžičky soli

Pokyny

a) Vložte steaky z lososa do skleněné misky. Zbylé ingredience prošlehejte a nalijte na lososa.

b) Zakryjte plastovým obalem a marinujte v lednici 4 až 6 hodin. Rozpalte gril. Lososa vyjmeme z marinády, gril potřeme olejem a lososa položíme na gril.

c) Grilujte na středním ohni po dobu 10 minut na palec tloušťky měřeno v nejtlustší části, v polovině vaření otočte, nebo dokud se ryba při testování vidličkou neloupe.

32. Flash grilovaný losos

Výtěžek: 1 porce

Přísada

- 3 unce lososa
- 1 lžíce olivového oleje
- ½ citronu; šťáva z
- 1 lžička pažitky
- 1 lžička petrželky
- 1 lžička čerstvě mletého pepře
- 1 lžíce sójové omáčky
- 1 lžíce javorového sirupu
- 4 žloutky
- ¼ pinty Rybí vývar
- ¼ pinty bílého vína
- 125 mililitrů Dvojitá smetana
- Pažitka
- Petržel

Pokyny

a) Lososa nakrájejte na tenké plátky a vložte do nádoby s olivovým olejem, javorovým sirupem, sójovou omáčkou, pepřem a citronovou šťávou na 10–20 minut.

b) Sabayon: Rozšlehejte vejce nad bain marie. Na pánvi zredukujte bílé víno a rybí vývar. Směs přidáme k bílkům a ušleháme. Přilijeme smetanu, stále šleháme.

c) Na servírovací talíř položte tenké plátky lososa a pokapejte trochou sabayonu. Umístěte pod gril pouze na 2-3 minuty.

d) Vyjmeme a ihned podáváme s posypem pažitky a petrželky.

33. Grilovaný losos a těstoviny s chobotnicí

Výtěžek: 1 porce

Přísada

- 4 200 g; (7-8 uncí) kousky filetu z lososa

- Sůl a pepř

- 20 mililitrů rostlinného oleje; (3/4 oz)

- Olivový olej na smažení

- 3 Jemně nakrájené stroužky česneku

- 3 Jemně nakrájená rajčata

- 1 Jarní cibulka nakrájená nadrobno

- Koření

- 1 brokolice

Pokyny

a) Těstoviny: můžete si koupit sáčky s inkoustem z chobotnic u dobrého obchodníka s rybami ... nebo použít své oblíbené těstoviny

b) Předehřejte troubu na 240°C/475°F/plyn značka 9.

c) Kousky filetu lososa osolte a opepřete. Rozehřejte nepřilnavou pánev a poté přidejte olej. Vložte lososa do pánve a opékejte z každé strany 30 sekund.

d) Rybu přendejte na pečicí plech a pečte 6–8 minut, dokud se ryba neloupe, ale uprostřed je stále trochu růžová. Nechte 2 minuty odpočinout.

e) Rybu přendejte na teplé talíře a lžičkou přelijte omáčku.

f) Brokolici vaříme s těstovinami asi 5 minut.

g) Na pánev nalijte trochu oleje, přidejte česnek, rajčata a jarní cibulku. Smažte na mírném ohni 5 minut, na poslední chvíli přidejte brokolici.

34. Losos s grilovanou cibulkou

Vyrobí 8 až 10 porcí

Ingredience

- 2 hrnky třísek z tvrdého dřeva namočených ve vodě
- 1 velký boční chovaný norský losos (asi 3 libry), odstraněné špendlíkové kosti
- 3 šálky Smoking Brine, vyrobené s vodkou
- $\frac{3}{4}$ šálek Smoking Rub
- 1 polévková lžíce sušeného kopru
- 1 lžička cibulového prášku
- 2 velké červené cibule, nakrájené na kolečka silná palec
- $\frac{3}{4}$ šálku extra panenského olivového oleje 1 svazek čerstvého kopru
- Jemně nastrouhaná kůra z 1 citronu 1 stroužku česneku, nasekaná
- Hrubá sůl a mletý černý pepř

Pokyny

a) Vložte lososa do jumbo (2galonového) sáčku na zip. Pokud máte pouze 1-galonové sáčky, nakrájejte rybu na polovinu a použijte dva sáčky. Přidejte solný roztok do sáčku (sáčků), vytlačte vzduch a uzavřete. Dejte na 3 až 4 hodiny do lednice.

b) Vše kromě 1 polévkové lžíce smíchejte se sušeným koprem a cibulovým práškem a dejte stranou. Plátky cibule namočíme do ledové vody. Rozpalte gril na nepřímé nízké teplo, asi 225 iF, s kouřem. Dřevěné třísky sceďte a přidejte na gril.

c) Lososa vyjměte z nálevu a osušte papírovou utěrkou. Solný roztok zlikvidujte. Rybu potřeme 1 lžící oleje a masitou stranu potřeme třem, ve kterém je zaschlý kopr.

d) Vyjměte cibuli z ledové vody a osušte. Potřete 1 lžící oleje a potřete zbylou 1 lžící potřete. Rybu a cibuli dejte na 15 minut odpočinout.

e) Grilovací rošt potřeme a dobře potřeme olejem. Lososa položte masem dolů přímo na oheň a grilujte 5 minut, dokud povrch nezezlátne. Pomocí velké rybí stěrky nebo dvou běžných stěrek otočte rybu kůží dolů a položte na grilovací rošt mimo oheň. Plátky cibule dejte přímo nad oheň.

f) Zavřete gril a vařte, dokud nebude losos zvenčí pevný, ale ne suchý a pružný ve středu, asi 25 minut. Až budete hotovi, při jemném přitlačení ryby pronikne přes povrch vlhkost. Pod tlakem by se nemělo úplně odlupovat.

g) Během doby vaření cibuli jednou obraťte.

35. Losos z cedrových prken

Podává: 6

Ingredience

- 1 neošetřené cedrové prkno (asi 14" x 17" x 1/2")
- 1/2 šálku italského dresingu
- 1/4 šálku nakrájených sušených rajčat
- 1/4 šálku nasekané čerstvé bazalky
- 1 (2 libry) filet z lososa (1 palec silný), odstraněná kůže

Pokyny

a) Cedrové prkno zcela ponořte do vody a položte na něj závaží, aby bylo zcela zakryté. Namočte alespoň 1 hodinu.

b) Předehřejte gril na středně vysokou teplotu.

c) V malé misce smíchejte dresink, sušená rajčata a bazalku; dát stranou.

d) Vyjměte prkno z vody. Umístěte lososa na prkno; položte na gril a zavřete víko. Grilujte 10 minut a poté lososa potřete dresinkem. Zavřete víko a grilujte dalších 10 minut, nebo dokud se losos vidličkou snadno nerozlouskne.

36. Losos s uzeným česnekem

Slouží 4

Ingredience

- 1 1/2 libry filet z lososa
- sůl a pepř podle chuti 3 stroužky česneku, mleté
- 1 snítka čerstvého kopru, nasekané 5 plátků citronu
- 5 snítek čerstvého kopru
- 2 zelené cibule, nakrájené

Pokyny

a) Připravte udírnu na 250 ° F.
b) Nastříkejte dva velké kusy hliníkové fólie sprejem na vaření.
c) Umístěte filet z lososa na jeden kus fólie. Lososa posypeme solí, pepřem, česnekem a nasekaným koprem. Na filé položte plátky citronu a na každý plátek citronu položte snítku kopru. Posypte filé zelenou cibulkou.
d) Udit asi 45 minut.

37. Grilovaný losos s čerstvou broskví

Porce: 6 porcí

Ingredience

- 6 filetů z lososa o tloušťce 1 palec

- 1 velká konzerva nakrájené broskve, světlý sirup

- 2 polévkové lžíce bílého cukru

- 2 polévkové lžíce světlé sójové omáčky

- 2 polévkové lžíce dijonské hořčice

- 2 polévkové lžíce nesoleného másla

- 1 1-palcový knoflík čerstvého zázvoru, nastrouhaný

- 1 polévková lžíce olivového oleje, extra panenský druh

- Sůl a pepř na dochucení

- Čerstvě nasekaný koriandr

Pokyny:

a) Sced'te nakrájené broskve a nechte si asi 2 polévkové lžíce světlého sirupu. Broskve nakrájíme na kousky velikosti sousta.

b) Filety lososa vložte do velké zapékací mísy.

c) Do středního hrnce přidejte odložený broskvový sirup, bílý cukr, sójovou omáčku, dijonskou hořčici, máslo, olivový olej a zázvor. Pokračujte v míchání na mírném ohni, dokud směs trochu nezhoustne. Podle chuti osolíme a opepříme.

d) Vypněte oheň a část směsi rozprostřete do filetů lososa pomocí štětce.

e) Do kastrolu přidejte nakrájené broskve a důkladně je potřete polevou. Glazované broskve nalijte na lososa a rovnoměrně rozprostřete.

f) Lososa pečte asi 10-15 minut při 420F. Lososa pečlivě sledujte, aby se pokrm nepřipálil.

g) Před podáváním posypte trochou čerstvě nasekaného koriandru.

38. Zázvorový grilovaný lososový salát

Výtěžek: 4 porce

Ingredience

- $\frac{1}{4}$ šálku odtučněného bílého jogurtu
- 2 polévkové lžíce Jemně nakrájeného čerstvého zázvoru
- 2 stroužky česneku, nasekané nadrobno
- 2 lžíce čerstvé limetkové šťávy
- 1 lžíce čerstvě nastrouhané limetkové kůry
- 1 lžíce medu
- 1 lžíce řepkového oleje
- $\frac{1}{2}$ lžičky soli
- $\frac{1}{2}$ lžičky čerstvě mletého černého pepře
- $1\frac{1}{4}$ libry Filet z lososa, 1 palec tlustý, nakrájený na 4 kusy, s kůží, zbavené špendlíkových kostí
- Salát s řeřichou a nakládaným zázvorem
- Klínky limetky na ozdobu

Pokyny:

a) V malé misce prošlehejte jogurt, zázvor, česnek, limetkovou šťávu, limetkovou kůru, med, olej, sůl a pepř.

b) Lososa dejte do mělké skleněné misky a zalijte marinádou a otočte lososa, aby se obalil ze všech stran. Zakryjte a marinujte v lednici 20 až 30 minut, jednou nebo dvakrát obraťte.

c) Mezitím si připravte oheň na dřevěné uhlí nebo předehřejte plynový gril. (Nepoužívejte grilovací pánev, losos se přilepí.) 3. Grilovacím kartáčem s dlouhou rukojetí potřete grilovací rošt olejem.

d) Lososa položte na gril kůží nahoru. Vařte 5 minut. Pomocí 2 kovových špachtle opatrně otočte kousky lososa a vařte jen do zmatnění uprostřed, o 4 až 6 minut déle. 2 špachtlemi vyjměte lososa z grilu. Sundejte z kůže.

e) Salát z řeřichy promícháme s dresinkem a rozdělíme na 4 talíře. Navrch dejte kousek grilovaného lososa. Ozdobte měsíčky limetky. Ihned podávejte.

39. Grilovaný losos s fenyklovým salátem

Výtěžek: 2 porce

Přísada

- 2 140 g filetů z lososa

- 1 cibule fenyklu; jemně nakrájené

- $\frac{1}{2}$ hrušky; jemně nakrájené

- Pár kousků vlašských ořechů

- 1 špetka drceného semínka kardamomu

- 1 pomeranč; segmentovaný, šťáva

- 1 svazek koriandru; sekaný

- 50 gramů Light fromage fris

- 1 špetka práškové skořice

- Vločková kamenná sůl a mletý černý pepř

Pokyny:

a) Lososa osolíme, opepříme a grilujeme pod grilem.

b) Hrušku smícháme s fenyklem a dochutíme velkým množstvím černého pepře, kardamomu a vlašských ořechů.

c) Pomerančovou šťávu a kůru smíchejte s tvarohem a přidejte trochu skořice. Doprostřed talíře položte hromádku fenyklu a navrch zašněrujte lososa. Vnější stranu talíře ozdobte plátky pomeranče a pokapejte pomerančovou omáčkou.

d) Fenykl snižuje toxinové účinky alkoholu v těle a je dobrý pro trávení.

40. Grilovaný losos s bramborem a řeřichou

Výtěžek: 6 porcí

Přísada

- 3 libry Malý červený s tenkou kůží
- Brambory
- 1 šálek na tenké plátky nakrájené červené cibule
- 1 šálek ochuceného rýžového octa
- Asi 1/2 kila řeřichy
- Opláchnuté a křupavé
- 1 filet z lososa, asi 2 libry.
- 1 lžíce sójové omáčky
- 1 lžíce Pevně zabaleného hnědého cukru
- 2 šálky dřevěných třísek z olše nebo mesquitu
- Namočené ve vodě
- Sůl

Pokyny:

a) V 5- až 6-litrové pánvi přiveďte k varu na vysoké teplotě asi 2 litry vody; přidat brambory. Přikryjte a vařte na mírném ohni, dokud brambory po propíchnutí nezměknou, 15 až 20 minut. Sceďte a vychlaďte.

b) Cibuli namočte asi na 15 minut do studené vody, aby byla pokrytá. Slijte a smíchejte cibuli s rýžovým octem. Brambory nakrájejte na čtvrtky; přidat k cibuli.

c) Odřízněte křehké snítky řeřichy ze stonků, poté jemně nasekejte tolik stonků chodu, aby vznikl $\frac{1}{2}$ šálku (přebytečné vyhoďte nebo si je uložte na jiné použití). Smíchejte nakrájené stonky na velkém oválném talíři s bramborovým salátem; přikryjeme a uchováme v chladu. Lososa opláchněte a osušte. Umístěte kůží dolů na kus těžké fólie. Odřízněte fólii tak, aby sledovala obrysy ryby, ponechte okraj 1 palce.

d) Zamačkejte okraje fólie tak, aby se přiléhaly k okraji ryby. Smícháme sójovou omáčku s hnědým cukrem a natřeme na filet z lososa.

e) Rybu pokládejte na střed grilu, ne přes uhlí nebo plamen. Zakryjte gril (otevřené otvory pro dřevěné uhlí) a vařte, dokud ryba nebude v nejtlustší části téměř neprůhledná (nařízněte na zkoušku), 15 až 20 minut. Přeneste ryby na talíř se salátem. Podle chuti dosolíme. Podávejte teplé nebo studené.

41. Lososová vina olki

Výtěžek: 1 porce

Přísada

- 2 šálky octa
- 4 šálky vody
- 2 lžičky skořice
- 4 lžičky mletého kmínu
- 6 velkých stroužků česneku, rozmačkaných
- Sůl a pepř na dochucení
- Losos

Pokyny:

a) Smíchejte všechny ingredience ve velké konvici a dobře promíchejte.

b) Přidejte plátky lososa a dobře promíchejte, aby každý plátek absorboval koření a česnek.

c) Nechte ve slaném nálevu přes noc, ale ne déle než 24 hodin, protože losos má tendenci být kašovitý.

d) Vyjmeme z nálevu, obalíme ve strouhance nebo krupici a smažíme na rozpáleném oleji.

42. Lososový a hřibový kebab

Ingredience:

- $\frac{1}{4}$ šálku olivového oleje
- $\frac{1}{4}$ šálku petrželky, jemně nasekané
- $\frac{1}{4}$ šálku čerstvého tymiánu, odstopkovaného, jemně nasekaného
- 2 lžíce citronové šťávy
- 2 lžíce hrubě mletého černého pepře
- 1 lžička soli
- $1\frac{1}{2}$ libry filetů z lososa, nakrájené na 24 kostek
- 1 až 1 $\frac{1}{2}$ libry hub
- 8 dřevěných špejlí
- Klínky citronu

Pokyny:

a) Smíchejte olej, petržel, tymián, citronovou šťávu, sůl a pepř ve velké míse.

b) Přidejte kousky lososa, důkladně promíchejte, přikryjte a dejte na 1 hodinu do lednice.

c) Předehřejte gril.

d) Směs vyndejte z lednice, přidejte kousky žampionů a promíchejte, aby se žampiony potřely marinádou. Sceďte v cedníku.

e) Střídejte lososa a žampiony na špejlích, abyste vytvořili osm kebabů, každý vrstvený se třemi kousky ryby a třemi kousky hub.

f) Namočené špízy položte na naolejovaný gril a opékejte 4 minuty. Otočte a vařte o 4 minuty déle, nebo dokud nejsou filety na dotek lehce měkké.

43. Grilovaný divoký královský losos

Ingredience:

- 1 humr, $1\frac{3}{4}$ libry
- $\frac{1}{2}$ šálku rozpuštěného másla
- 2 libry filetů z lososa
- $\frac{1}{4}$ šálku jemně nakrájené červené cibule
- 3 lžíce bílého octa
- 2 lžíce vody
- $\frac{1}{4}$ šálku husté smetany
- 2 lžíce najemno nasekaného čerstvého estragonu
- 4 lžíce ($\frac{1}{2}$ tyčinky) másla
- Sůl a čerstvě mletý černý pepř
- Plátky citronu a šťáva
- Krvavý pomerančový salát

Pokyny:

a) Do dutiny humra nakapejte máslo a citronovou šťávu.

b) Položte humra na záda na gril přes pánev na kouř. Zavřete víko a kuřte asi 25 minut. Přendejte na prkénko a vyjměte maso z ocasu a drápů, korály a veškerou šťávu si nechte v lednici.

c) Přiveďte cibuli, ocet a vodu k varu ve středním hrnci na středně vysokém ohni; snižte teplotu a vařte 3 až 4 minuty, nebo dokud se nesníží asi na polovinu. Přidejte smetanu a estragon; vařte 1 až 2 minuty, nebo dokud se nezredukuje na polovinu. Všlehejte kousky másla.

d) Připravte gril a položte lososa na rozpálenou stranu.

e) Přidejte kousky humra a šťávu do hrnce s beurre blanc, zamíchejte a zvyšte oheň na středně vysoký. Vařte přikryté za občasného míchání 3 až 4 minuty, nebo dokud se humří maso důkladně neprohřeje.

44. Steaky z lososa s javorovým sirupem

Ingredience:

- $\frac{1}{4}$ šálku čistého javorového sirupu
- $\frac{1}{4}$ šálku mirin nebo bílého vína
- $\frac{1}{4}$ šálku sójové omáčky s nízkým obsahem sodíku
- 2 lžíce olivového oleje
- Šťáva z $\frac{1}{2}$ citronu
- kůra z 1 citronu (asi 1 polévková lžíce)
- 2 lžíce drceného černého pepře
- 2 libry lososa, nakrájené na $\frac{3}{4}$ palce silné steaky

Pokyny:

a) Smíchejte javorový sirup, mirin, sójovou omáčku, olej, citronovou šťávu a kuličky pepře v nekorozivní nádobě. Vložte steaky do marinády a dejte na 30 minut do chladu.

b) Předehřejte gril.

c) Steaky z lososa vyjměte z marinády, sceďte, osušte a marinádu si nechte. Umístěte steaky přímo nad plamen a varte 4 minuty; otočte a vařte ještě o 4 minuty déle, nebo dokud nejsou steaky na dotek lehce měkké. Grilujte kratší dobu pro rare, déle pro well done.

d) Mezitím po otočení steaků zahřejte marinádu v malém hrnci na středně vysokou teplotu, dokud nepřijde k varu, a poté 5 minut povařte. Okamžitě vypněte topení.

e) Steaky z lososa nalijte omáčkou.

45. Lososová a kukuřičná polévka

Ingredience:

- 1 libra filetu z lososa
- 2 uši čerstvé kukuřice
- 2 lžíce olivového oleje
- 1 středně jemně nakrájená cibule
- 1 střední yukonská zlatá brambora, nakrájená na kostičky
- 2 šálky plnotučného mléka
- 1 šálek světlé smetany
- 4 lžíce nesoleného másla
- $\frac{1}{2}$ lžičky worcesterské omáčky
- $\frac{1}{4}$ šálku jemně nasekaného estragonu
- 1 lžička papriky
- Sůl a čerstvě mletý černý pepř
- Ústřicové sušenky

Pokyny:

a) Předehřejte gril.

b) Lososa a kukuřičné klasy položte na naolejovaný gril. Vařte 6 minut; poté otočte a vařte ještě 4 až 5 minut. Dát stranou.

c) Ostrým nožem oloupeme kukuřici z klasů a lososa nakrájíme na kousky velikosti sousta. Dát stranou.

d) Zahřejte 1 polévkovou lžíci oleje ve čtyřlitrovém hrnci na středně vysokou teplotu. Přidejte cibuli a brambory. Vařte zakryté asi 10 minut, nebo dokud cibule nezměkne. Přidejte mléko, smetanu, máslo a worcesterskou omáčku. Dusíme asi 10 minut, nebo dokud brambory nezměknou

e) Vmícháme kukuřici, lososa, estragon, papriku, sůl a pepř a 5 minut dusíme.

f) Přendejte do misek a ihned podávejte s ústřicovými sušenkami.

46. Losos sušený v kopru

Slouží 6

Ingredience:

- 2 x 750 g (1 lb 10 oz) filety z lososa
- 1 velký svazek kopru, nahrubo nasekaný
- 100 g (4 oz) hrubé mořské soli
- 75 g (3 unce) moučkového cukru
- 2 polévkové lžíce drceného bílého pepře

Křenová a hořčičná omáčka

- 2 lžičky jemně nastrouhaného křenu (čerstvého nebo ze sklenice)
- 2 lžičky jemně nastrouhané cibule
- 1 lžička dijonské hořčice
- 1 lžička moučkového cukru
- 2 polévkové lžíce bílého vinného octa
- dobrá špetka soli
- 175 ml (6 fl oz.) dvojité smetany

Pokyny:

a) Položte jeden z filetů lososa kůží dolů na velký plát potravinářské fólie. Smíchejte kopr se solí, cukrem a drceným pepřem a potřete jím řezaný obličej lososa. Navrch položte druhý filet kůží nahoru.

b) Rybu pevně zabalte do dvou nebo tří vrstev potravinářské fólie a zvedněte ji na velký mělký tác. Na rybu položte o něco menší tác nebo prkénko a zvažte ji. Nechejte 2 dny ochlazovat a každých 12 hodin rybu otočte, aby směs slaného nálevu, která se vytvoří uvnitř balíku, ryby podlévala.

c) Chcete-li připravit křenovou a hořčičnou omáčku, smíchejte všechny ingredience kromě smetany. Smetanu ušleháme do tuha, vmícháme křenovou směs, přikryjeme a vychladíme.

d) Chcete-li podávat, vyjměte rybu ze slané směsi a nakrájejte ji na velmi tenké plátky, jako byste kouřili lososa. Na každý talíř položte několik plátků gravlaxu a podávejte s trochou omáčky.

47. Čerstvé atlantické soté z lososa

Výtěžek: 1 porce

Přísada

- 3 filety lososa
- 1 lžíce másla
- $\frac{1}{4}$ lžičky kuchařské soli
- $\frac{1}{2}$ šálku ochucené mouky
- 1 lžíce nakrájených rajčat
- 1 lžíce nakrájené zelené cibule
- 1 lžíce nakrájené houby
- 2 lžíce bílého vína na vaření
- $\frac{1}{2}$ šťávy z malého citronu
- 2 lžíce měkkého másla

Pokyny:

a) Lososa nakrájíme na tenké plátky. Lososa osolte šéfkuchařskou solí a zasypte moukou.

b) Na másle rychle opečeme z každé strany a vyjmeme. Přidejte nakrájené houby, rajče, zelenou cibulku, citronovou šťávu a bílé víno.

c) Snižte na plameni asi 30 sekund. Vmíchejte máslo c podávejte omáčku na lososa.

48. Grilovaný losos s pancettou

Výtěžek: 4 porce

Přísada

- 1 libra čerstvých smržových hub

- 2 šalotky; Mleté

- 1 stroužek česneku; Mleté

- 10 lžic másla; Rozřezat na kousky

- 1 šálek suchého sherry nebo madeiry

- 4 kusy Filet z lososa

- Olivový olej

- Sůl a čerstvě mletý pepř

- 16 zelené cibule

- 4 lžíce pancetty; Kostkovaný a ořezaný

Pokyny:

a) Na 2 lžících másla orestujte na mírném ohni šalotku a česnek, dokud nezměknou. Přidejte smrže, zvyšte teplotu a vařte 1 minutu. Přidejte sherry a zredukujte na polovinu.

b) Přišlehejte zbývající máslo, pracujte na ohni a mimo něj, dokud nezemulguje.

c) Rozpalte gril nebo rýhovanou grilovací pánev. Filety lososa potřeme olejem a dochutíme solí a pepřem. Lososa přendejte na velkou pánev a pečte v troubě 5 až 10 minut.

d) Rozpalte středně velkou těžkou pánev na vysokou teplotu. Přidejte několik lžic olivového oleje. Přidejte zelenou cibulku a pancettu. Krátce povařte, pánví protřepejte, abyste zabránili smažení. Přidejte smržovou směs a promíchejte. Lehce okořeníme.

e) Umístěte filet z lososa doprostřed teplého talíře. Navrch a po stranách naneste lžící smržovou směs.

49. Pikantní kokosový vývar s lososem

Přísada

- 1 150 g. kus lososa na osobu; (150 až 180)
- 1 šálek jasmínové rýže
- $\frac{1}{4}$ šálku lusků zeleného kardamomu
- 1 lžička hřebíček
- 1 lžička zrnek bílého pepře
- 2 tyčinky skořice
- 4 badyán
- 2 lžíce oleje
- 3 cibule; jemně nasekané
- $\frac{1}{2}$ lžičky kurkumy
- 1 litr kokosového mléka
- 500 mililitrů kokosového krému
- 6 velkých zralých rajčat
- 1 lžíce hnědého cukru
- 20 mililitrů rybí omáčky
- Sůl podle chuti
- 2 lžíce Garam masala

Pokyny:

a) Garam Masala: Koření opečte nasucho zvlášť na pánvi. Smíchejte všechna koření v mlýnku na kávu nebo hmoždíři a rozdrťte a rozdrťte.

b) Pikantní kokosový vývar: Ve velké pánvi rozehřejte olej a opékejte cibuli, dokud nebude průhledná. Přidejte kurkumu a zázvor a vařte na mírném ohni asi 20 minut, poté přidejte zbývající ingredience. Přiveďte k varu.

c) Zatímco se vývar vaří, uvařte lososa a jasmínovou rýži. Lososa lze pošírovat v rybím vývaru, grilovat na dřevěném uhlí nebo smažit na pánvi.

50. Columbia River Chinook

Ingredience:

- 1 šálek čerstvých třešní, omytých a vypeckovaných
- $\frac{1}{2}$ šálku rybího nebo kuřecího vývaru
- $\frac{1}{4}$ šálku čerstvého tymiánu, odstopkovaného
- 2 lžíce brandy
- 1 lžička čerstvé citronové šťávy
- 2 lžíce hnědého cukru
- $1\frac{1}{2}$ lžičky balzamikového octa
- $1\frac{1}{2}$–2 libry filetů z lososa
- Klínky citronu

Pokyny:

a) Předehřejte gril.

b) Třešně třikrát nebo čtyřikrát rozdrťte v míse kuchyňského robotu, dokud nejsou nahrubo nasekané.

c) Vývar, tymián, brandy a citronovou šťávu vařte v hrnci na středním plameni 10 až 12 minut, nebo dokud se nezredukují na polovinu.

d) Přidejte hnědý cukr a ocet, zamíchejte a vařte 2 až 3 minuty, dokud se důkladně nezahřeje. Sundejte z plotny, ale udržujte v teple.

e) Filety lososa položte na naolejovaný gril a opékejte 4 až 5 minut; otočte a vařte o 4 až 5 minut déle, dokud nejsou filety na dotek mírně měkké.

f) Rozdělte na čtyři porce. Na střed čtyř talířů nalijte teplou omáčku a vytvořte kaluže. Lososa položte přímo na omáčku.

51. Losos a zelenina pečený v troubě

Porce: 4 porce

Ingredience:
- 4 filety z lososa
- 2 velká rajčata, nakrájená na čtvrtky
- 2 velké cibule, nejlépe červené odrůdy a nakrájené na čtvrtky
- 1 velká cibule česneku, nakrájená na polovinu
- 2 velké papriky, červené a zelené odrůdy a nakrájené na proužky
- 1 šálek cukety, nakrájené na půl palce silné
- 1 šálek růžičky brokolice
- 3 polévkové lžíce extra panenského olivového oleje
- 1 polévková lžíce nesoleného másla
- 1 lžička sušeného kopru
- Sůl a pepř na dochucení
- Čerstvé lístky bazalky, jemně nasekané

Pokyny:
a) Během přípravy nakrájené zeleniny předehřejte troubu na 375 F.
b) Veškerou zeleninu dejte do velkého pekáčku a pokapejte trochou olivového oleje. Dochuťte solí a pepřem a ujistěte se, že nakrájená zelenina je rovnoměrně obalená olivovým olejem. Zeleninu rozprostřete do stran pekáče.
c) Doprostřed položte ochucené filety lososa. Navrch dejte změklé máslo.
d) Vařte 18–20 minut, nebo dokud nebude losos snadno nakrájený na vločky a zelenina nezměkne.
e) Před podáváním vhoďte čerstvě nasekanou bazalku.

52. Losos glazovaný sójou a medem

Porce: 6 porcí

Ingredience:
- 6 filetů z čerstvého lososa o tloušťce 1 palec
- 4 polévkové lžíce praženého sezamového oleje
- 3 velké papriky, zbavené semínek a nakrájené na tenké proužky
- 2 středně velké červené cibule, nakrájené na čtvrtky
- 4 polévkové lžíce světlé sójové omáčky
- 1 polévková lžíce zázvoru, oloupaného a nastrouhaného
- 3 polévkové lžíce čistého medu
- Sůl a pepř na dochucení
- Jarní cibulka na ozdobu

Pokyny:
a) Umístěte lososa do velkého pekáče a mezi filety opatrně ponechejte 1-palcový prostor. Do pánve přidejte nakrájenou papriku – zelenou, červenou a žlutou pro chutnější efekt – a cibuli. Rybu pokapejte polovinou sezamového oleje. Podle chuti osolte a opepřete.

b) Ve střední misce přidejte sójovou omáčku, med, nastrouhaný zázvor, čerstvě namletý pepř a zbytek sezamového oleje.

c) Omáčku důkladně promícháme.

d) Rybu přelijte omáčkou. Lososa pečte při 420 F po dobu 25 minut.

e) Ihned podáváme a ozdobíme jarní cibulkou. Nejlepší je jíst s čerstvě dušenou bílou rýží.

53. Pikantní lososová a nudlová polévka

Porce: 4 porce

Ingredience:
- 4 filety z lososa, 1 palec tlusté
- 2 hrnky kokosového mléka
- 3 šálky zeleninového vývaru, domácího nebo instantního
- 200 gramů asijských nudlí nebo rýžových nudlí
- 5 lžic česneku, mletého
- 2 velké bílé cibule, nakrájené nadrobno
- 2 velké červené chilli papričky, jemně nasekané a zbavené semínek
- 1 1-palcový knoflík čerstvého zázvoru, nakrájený na tenké plátky
- 3 polévkové lžíce červené kari pasty
- 1 polévková lžíce rostlinného oleje
- $\frac{1}{2}$ šálku jarní cibulky, nakrájené nadrobno
- Hrst koriandru, jemně nakrájeného
- Sůl a pepř na dochucení

Pokyny:

a) Ve velkém hrnci rozehřejte rostlinný olej na mírném až středním ohni. Přidejte nasekaný česnek, bílou cibuli, chilli papričky, zázvor a červenou kari pastu na několik minut, dokud se celá směs nerozvoní.

b) Do orestované směsi vlijte kokosové mléko a zeleninový vývar. Vývar přiveďte pomalu k varu po dobu 5-8 minut.

c) Do hrnce přidejte lososa a nudle a vařte 5-8 minut. Zkontrolujte dobu vaření nudlí podle návodu na obalu a podle toho upravte. Ujistěte se, že losos nebude přepečený.

d) Do hrnce přidejte jarní cibulku a lístky koriandru a vypněte oheň. Dochuťte solí a pepřem.

e) Ihned přendejte do jednotlivých misek a ozdobte dalším koriandrem a/nebo jarní cibulkou.

54. Pošírovaný losos se zelenou bylinkovou salsou

Porce: 4 porce

Ingredience:

- 3 šálky vody
- 4 sáčky zeleného čaje
- 2 velké filety z lososa (asi 350 gramů každý)
- 4 polévkové lžíce extra panenského olivového oleje
- 3 polévkové lžíce citronové šťávy, čerstvě vymačkané
- 2 lžíce čerstvě nasekané petrželky
- 2 polévkové lžíce bazalky, čerstvě nasekané
- 2 polévkové lžíce oregana, čerstvě nakrájeného
- 2 polévkové lžíce asijské pažitky, čerstvě nasekané
- 2 lžičky lístků tymiánu
- 2 lžičky česneku, mletého

Pokyny:

a) Ve velkém hrnci přiveďte k varu vodu. Přidejte sáčky zeleného čaje a poté odstraňte z tepla.

b) Čajové sáčky nechte 3 minuty louhovat. Vylovte čajové sáčky z konvice a přiveďte k varu vodu s čajem. Přidejte lososa a snižte teplotu.

c) Filety lososa pošírujte, dokud nebudou ve střední části neprůhledné. Lososa vařte 5–8 minut nebo dokud nebude úplně uvařený.

d) Lososa vyjmeme z hrnce a dáme stranou.

e) Do mixéru nebo kuchyňského robotu nasypte všechny čerstvě nasekané bylinky, olivový olej a citronovou šťávu. Dobře promíchejte, dokud se ze směsi nevytvoří hladká pasta. Pastu dochuťte solí a pepřem. V případě potřeby můžete koření upravit.

f) Pošírovaného lososa podávejte na velkém talíři a posypte čerstvou bylinkovou pastou.

55. Losos glazovaný s medovou hořčicí

Porce: 4 porce

Ingredience:
- 4 filety z lososa, 1 palec tlusté
- 5 polévkových lžic dijonské hořčice
- 5 polévkových lžic čistého medu
- 2 polévkové lžíce světlé sójové omáčky
- 2 polévkové lžíce másla, nesolené odrůdy
- 2 polévkové lžíce česneku, mletého
- Sůl a pepř na dochucení
- Řepkový olej
- Čerstvě nasekané lístky tymiánu

Pokyny:
a) Filety lososa osolíme a opepříme. Pekáč vymažte nebo nastříkejte řepkovým olejem a poté položte lososa kůží dolů.
b) Ve střední misce prošlehejte dijonskou hořčici, čistý med a sójovou omáčku. Vmíchejte nasekaný česnek a dobře promíchejte.
c) Pomocí cukrářského štětce směs bohatě rozetřete na obě strany filetů lososa.
d) Lososa posypeme lístky tymiánu.
e) Vařte lososa při 450 F po dobu 20 minut. V případě potřeby dolijte zbývající medovou hořčičnou směsí. Lososa pečte do požadovaného propečení.
f) Ihned přendejte na servírovací talíř a navrch přidejte lístky tymiánu.

56. Křenový losos

Porce: 4 porce
Ingredience:
Filet z lososa
- 8 filetů z lososa o tloušťce 1 palec
- 3 polévkové lžíce křenové omáčky
- 3 polévkové lžíce světlé sójové omáčky
- 3 polévkové lžíce olivového oleje, extra panenský druh
- 2 polévkové lžíce česneku, mletého
- Sůl a pepř na dochucení

Křenová omáčka
- 1 polévková lžíce světlé sójové omáčky
- 2 polévkové lžíce citronové šťávy, čerstvě vymačkané
- 3 polévkové lžíce křenové omáčky
- 1 šálek zakysané smetany
- 2 polévkové lžíce majonézy, odrůda se sníženým obsahem tuku

Pokyny:
a) Do střední mísy dejte všechny ingredience a dobře promíchejte. Přikryjeme potravinářskou fólií a necháme alespoň hodinu vychladit v lednici.
b) V samostatné misce prošlehejte křenovou omáčku, olivový olej, sójovou omáčku a česnek. Dochuťte solí a pepřem a případně dochuťte.
c) Filety lososa vložte do velkého pekáče nebo grilovacího roštu. Namažte pánev nebo grilovací rošt. Filety lososa potřeme připravenou směsí z obou stran.
d) Lososa pečte alespoň 20 minut. Pokud používáte grilovací rošt, nechte lososa opékat 5 minut z každé strany.
e) Rybí filety ihned podávejte s bílou rýží. Pro zdravější variantu můžete vedle lososa podávat hnědou rýži. Podáváme s vychlazenou křenovou omáčkou na boku.

57. Teplý losos a bramborový salát

Porce: 3-4 porce

Celková doba přípravy: 30 minut

Ingredience:
- 3 filety z lososa, 1 palec tlusté a bez kůže
- 4 velké brambory, nakrájené na malé kousky
- Hrst listů rukoly a špenátu
- $\frac{3}{4}$ šálku zakysané smetany
- 2 polévkové lžíce citronové šťávy
- 2 polévkové lžíce čistého medu
- 2 lžičky dijonské hořčice
- 1 lžička česneku, mletého
- Sůl a pepř na dochucení
- Listy koriandru na ozdobu

Pokyny:
a) Lososa lehce dochutíme solí a pepřem. Zabalíme do alobalu a vložíme do zapékací mísy. Vařte 15-20 minut při 420F nebo dokud není úplně uvařená.

b) Ve středně velkém hrnci uvařte nakrájené brambory doměkka. Ihned sceďte a dejte stranou.

c) Ve velké salátové míse smíchejte zakysanou smetanu, citronovou šťávu, med, hořčici a česnek. Všechny ingredience důkladně promíchejte. Podle chuti osolíme a opepříme.

d) Listy salátu natrhejte ručně a vhoďte je do mísy. Přidejte vařené brambory.

e) Uvařeného lososa nakrájejte na kousky o velikosti sousta a vhoďte je do salátové mísy. Ingredience dobře promíchejte.

f) Před podáváním posypte trochou čerstvě nasekaného koriandru.

58. Losos z jednoho hrnce s rýží a hráškem

Porce: 4 porce

Ingredience:
- 1 šálek bílé rýže, dlouhozrnná odrůda
- 2 šálky vody
- 1 libra lososa, zbavená kůže a nakrájená na 4 kusy
- $\frac{1}{2}$ šálku cukrového hrachu
- 6 polévkových lžic světlé sójové omáčky
- 2 polévkové lžíce rýžového octa
- 1 1-palcový knoflík čerstvého zázvoru, nastrouhaný
- 1 polévková lžíce hnědého cukru
- Sůl a pepř na dochucení
- $\frac{1}{2}$ šálku čerstvě nakrájené jarní cibulky

Pokyny:
a) Omyjte rýži podle návodu na obalu. Ve středně velké pánvi smíchejte rýži a vodu a dejte na víko. Směs přiveďte k varu na mírném až středním ohni po dobu 10 minut.
b) Lososa osolíme a opepříme. Poté ihned přidejte na rýži.
c) Lososa vařte, dokud rýže nevsákne všechnu vodu.
d) Přidejte hrášek a pánev zakryjte ještě 5 minut. Zkontrolujte, zda je hrášek již měkký a losos dosáhl požadovaného propečení.
e) V malé misce smíchejte sójovou omáčku, ocet, jarní cibulku, zázvor a cukr. V případě potřeby upravte koření.
f) Lososa, rýži a hrášek přendejte na servírovací talíř a podávejte společně s omáčkou. Lososa a rýži posypeme čerstvě nakrájenou jarní cibulkou.

59. Česnek grilovaný losos s rajčaty a cibulí

Porce: 6 porcí

Ingredience:
- 6 filetů z lososa bez kůže
- 4 velká rajčata, nakrájená na poloviny
- 3 středně velké červené cibule, nakrájené na čtvrtky
- 2 polévkové lžíce extra panenského olivového oleje
- 1 lžička mleté papriky
- 1 velká cibule česneku, mletá
- 10 pramenů čerstvého tymiánu
- 1 polévková lžíce nesoleného másla
- Sůl a pepř na dochucení

Pokyny:
a) Nesolené máslo rozetřeme do velké zapékací mísy a dbáme na to, aby byla mísa rovnoměrně potažená.
b) Vložte filety lososa, rajčata a cibuli do pekáče.
c) Pokapejte extra panenským olivovým olejem a přidejte špetku soli a pepře. Z obou stran lososa posypte trochou papriky.
d) K lososu přidejte nasekaný česnek a čerstvý tymián.
e) Lososa vařte 10-12 minut při 420F. Chcete-li zkontrolovat, zda je losos propečený, propíchněte ho vidličkou a zjistěte, zda se vločky snadno rozpadají.
f) Lososa a zeleninu ihned přesuňte na servírovací talíř. Pro větší čerstvost přihoďte několik lístků tymiánu.

60. Pečený losos s omáčkou z černých fazolí

Porce: 4 porce

Ingredience:

- 4 filety z lososa, zbavené kůže a špendlíkových kostí
- 3 polévkové lžíce omáčky z černých fazolí nebo česnekové omáčky z černých fazolí
- $\frac{1}{2}$ šálku kuřecího vývaru (nebo zeleninového vývaru jako zdravější náhrady)
- 3 polévkové lžíce česneku, mletého
- 1 1-palcový knoflík čerstvého zázvoru, nastrouhaný
- 2 polévkové lžíce sherry nebo saké (nebo jakéhokoli vína na vaření)
- 1 polévková lžíce citronové šťávy, čerstvě vymačkané
- 1 polévková lžíce rybí omáčky
- 2 polévkové lžíce hnědého cukru
- $\frac{1}{2}$ lžičky červených chilli vloček
- Čerstvé lístky koriandru, jemně nasekané
- Jarní cibulka jako ozdoba

Pokyny:

a) Velký pekáč vymažte tukem nebo jej vyložte pečicím papírem. Předehřejte troubu na 350 F.

b) Smíchejte kuřecí vývar a omáčku z černých fazolí ve střední misce. Přidejte mletý česnek, nastrouhaný zázvor, sherry, citronovou šťávu, rybí omáčku, hnědý cukr a chilli vločky. Důkladně promíchejte, dokud se hnědý cukr úplně nerozpustí.

c) Filety lososa přelijte omáčkou z černých fazolí a nechte lososa plně absorbovat směs černých fazolí po dobu alespoň 15 minut.

d) Lososa přendáme do pekáče. Vařte 15-20 minut. Ujistěte se, že losos v troubě příliš nevysuší.

e) Podávejte s nasekaným koriandrem a jarní cibulkou.

61. Lososové rybí koláče se zeleninovou rýží

Porce: 4 porce

Celková doba přípravy: 30 minut

Ingredience:

Lososové dorty
- 2 plechovky růžového lososa, okapané
- 1 velké vejce
- $\frac{1}{2}$ šálku strouhanky panko chleba
- $\frac{1}{2}$ polévkové lžíce kukuřičného škrobu
- 2 polévkové lžíce kapary, okapané
- 3 polévkové lžíce jarní cibulky nebo petrželky, nasekané
- Sůl a pepř na dochucení
- Rostlinný olej na smažení

Zeleninová rýže
- 1 šálek hnědé rýže, nevařená
- $\frac{1}{2}$ šálku zeleného hrášku
- $\frac{1}{4}$ šálku nakrájené mrkve
- $\frac{1}{4}$ šálku sladké kukuřice
- 3 lžíce jarní cibulky
- 2 polévkové lžíce citronové šťávy, čerstvě vymačkané

Pokyny:

a) Smíchejte všechny ingredience na lososové koláče v mixéru nebo kuchyňském robotu. Dobře promíchejte, dokud se nevytvoří hrubá pasta.

b) Směs necháme 20 minut vychladit v lednici.

c) Když je směs mírně tuhá, dejte si 1 polévkovou lžíci do dlaní a vytvarujte z ní placičku. Tento postup opakujte, dokud nebudou všechny lososové placičky vytvarovány a vytvořeny.

d) Ve velké pánvi rozehřejte trochu rostlinného oleje a smažte placičky z lososa do křupava dozlatova.

e) Zatímco je směs placiček v lednici, uvařte hnědou rýži podle návodu na obalu. Zelený hrášek, mrkev a kukuřici přidejte do rýžovaru, až se všechna voda vstřebá. Rýži smícháme se zeleninou a necháme zbylou páru uvařit zeleninu. Přidejte čerstvě vymačkanou citronovou šťávu.

f) Před podáváním nasypte na zeleninovou rýži trochu čerstvě nakrájené zelené cibulky. Podávejte s křupavými lososovými koláčky na boku.

62. Sojový zázvor losos

Porce: 4 porce

Ingredience:
- 4 filety lososa, kůže a kosti zbavené
- 4 polévkové lžíce čerstvého zázvoru, nastrouhaného
- 2 polévkové lžíce česneku, mletého
- 1 polévková lžíce hnědého cukru
- 2 polévkové lžíce čistého medu
- 1 lžička dijonské hořčice
- ½ šálku čerstvé pomerančové šťávy
- 3 polévkové lžíce světlé sójové omáčky
- Jemně nastrouhaná pomerančová kůra
- Sůl a pepř na dochucení
- 1 polévková lžíce extra panenského olivového oleje

Pokyny:
a) Ve středně velké až velké míse prošlehejte pomerančovou šťávu, med, sójovou omáčku, pomerančovou kůru, hořčici, cukr, česnek a zázvor, dokud se dobře nespojí. Vmícháme čerstvě nastrouhanou pomerančovou kůru. Polovinu této směsi nalijte na lososa.

b) Předehřejte troubu na 350 F. Lososa okořeňte čerstvě namletým pepřem a solí, poté rovnoměrně potřete olivovým olejem.

c) Lososa vložte do pekáče a pečte 15–20 minut.

d) Do malého až středně velkého hrnce nalijte druhou polovinu směsi a přiveďte k varu. Poté směs neustále míchejte po dobu 5 minut nebo dokud omáčka nezhoustne.

e) Lososa pokapeme omáčkou. Ozdobte čerstvě nasekaným koriandrem nebo jarní cibulkou.

63. Losos s chilli kokosovou omáčkou

Porce: 6 porcí

Ingredience:
- 6 filetů z lososa
- 2 polévkové lžíce nesoleného másla
- 1 polévková lžíce extra panenského olivového oleje
- 4 stroužky česneku, nasekané
- 4 polévkové lžíce bílé cibule, nasekané
- 1 1palcový zázvorový knoflík, strouhaný
- 2 šálky čistého kokosového mléka
- 2 polévkové lžíce červené chilli papričky, hrubě nasekané
- 3 polévkové lžíce koriandru, nasekaného
- Sůl a pepř na dochucení

Pokyny:
a) Filety lososa okořeníme čerstvě namletým pepřem a solí.
b) Na mírném až středním ohni rozehřejte máslo a olivový olej a poté do velké pánve ihned vhoďte česnek, cibuli a zázvor. Průběžně míchejte a vařte 2 minuty nebo dokud tato koření nezavoní. Přidejte chilli papričky pro trochu ohnivého nakopnutí.
c) Pomalu přilévejte kokosové mléko a přiveďte k varu. Nechte vařit 10 minut nebo dokud omáčka nezhoustne.
d) Do samostatné pánve nalijte trochu olivového oleje a vložte filety lososa. Smažte každou stranu 5 minut na mírném ohni. Dávejte pozor, abyste filety nepřipálili, a poté je ihned přendejte na servírovací talíř.
e) Filety lososa přelijte pikantní kokosovou omáčkou. Doplňte čerstvě nasekaným koriandrem pro vzhled hodný slintání.

64. Paprikový grilovaný losos se špenátem

Porce: 6 porcí

Ingredience:

- 6 filetů z růžového lososa o tloušťce 1 palec
- ¼ šálku pomerančové šťávy, čerstvě vymačkané
- 3 lžičky sušeného tymiánu
- 3 polévkové lžíce extra panenského olivového oleje
- 3 lžičky mleté sladké papriky
- 1 lžička skořice v prášku
- 1 polévková lžíce hnědého cukru
- 3 šálky špenátových listů
- Sůl a pepř na dochucení

Pokyny:

a) Filety lososa z každé strany lehce potřete trochou oliv, poté dochuťte mletou paprikou, solí a pepřem. Odstavte na 30 minut při pokojové teplotě. Necháme lososa absorbovat paprikovou drť.

b) V malé misce smíchejte pomerančovou šťávu, sušený tymián, skořici a hnědý cukr.

c) Předehřejte troubu na 400 F. Lososa přendejte do alobalem vyloženého pekáče. Nalijte marinádu na lososa. Lososa vařte 15-20 minut.

d) Do velké pánve přidejte lžičku extra panenského olivového oleje a špenát opékejte asi pár minut nebo dokud nezvadne.

e) Upečeného lososa podávejte se špenátem na boku.

65. Lososové teriyaki se zeleninou

Porce: 4 porce

Ingredience:
- 4 filety z lososa, zbavené kůže a špendlíkových kostí
- 1 velký sladký brambor (nebo jednoduše brambor), nakrájený na kousky velikosti sousta
- 1 velká mrkev, nakrájená na kousky
- 1 velká bílá cibule, nakrájená na měsíčky
- 3 velké papriky (zelená, červená a žlutá), nakrájené
- 2 šálky růžičky brokolice (lze nahradit chřestem)
- 2 polévkové lžíce extra panenského olivového oleje
- Sůl a pepř na dochucení
- Jarní cibulky nakrájené nadrobno

Teriyaki omáčka
- 1 šálek vody
- 3 polévkové lžíce sójové omáčky
- 1 lžíce česneku, mletého
- 3 polévkové lžíce hnědého cukru
- 2 polévkové lžíce čistého medu
- 2 lžíce kukuřičného škrobu (rozpuštěné ve 3 lžících vody)
- $\frac{1}{2}$ polévkové lžíce pražených sezamových semínek

Pokyny:

a) V malé pánvi rozšlehejte na mírném ohni sójovou omáčku, zázvor, česnek, cukr, med a vodu. Průběžně mícháme, dokud se směs pomalu nerozvaří. Vmíchejte vodu z kukuřičného škrobu a počkejte, až směs zhoustne. Přidejte sezamová semínka a dejte stranou.

b) Velký pekáč vymažte nesoleným máslem nebo sprejem na vaření. Předehřejte troubu na 400 F.

c) Do velké mísy vysypte všechnu zeleninu a pokapejte olivovým olejem. Dobře promíchejte, dokud nebude zelenina dobře obalená olejem. Dochutíme čerstvě mletým pepřem a trochou soli.

d) Zeleninu přendejte do pekáče. Zeleninu rozložte do stran a ve středu zapékací mísy nechte trochu místa.

e) Umístěte lososa do středu pekáče. Nalijte 2/3 teriyaki omáčky k zelenině a lososu.

f) Lososa pečte 15-20 minut.

g) Pečeného lososa a pečenou zeleninu přeneste na pěkný servírovací talíř. Zalijte zbylou teriyaki omáčkou a ozdobte nakrájenou jarní cibulkou.

66. Grilovaný losos s čerstvou broskví

Porce: 6 porcí

Ingredience:

- 6 filetů z lososa o tloušťce 1 palec
- 1 velká konzerva nakrájené broskve, světlý sirup
- 2 polévkové lžíce bílého cukru
- 2 polévkové lžíce světlé sójové omáčky
- 2 polévkové lžíce dijonské hořčice
- 2 polévkové lžíce nesoleného másla
- 1 1-palcový knoflík čerstvého zázvoru, nastrouhaný
- 1 polévková lžíce olivového oleje, extra panenský druh
- Sůl a pepř na dochucení
- Čerstvě nasekaný koriandr

Pokyny:

a) Sceďte nakrájené broskve a nechte si asi 2 polévkové lžíce světlého sirupu. Broskve nakrájíme na kousky velikosti sousta.

b) Filety lososa vložte do velké zapékací mísy.

c) Do středního hrnce přidejte odložený broskvový sirup, bílý cukr, sójovou omáčku, dijonskou hořčici, máslo, olivový olej a zázvor. Pokračujte v míchání na mírném ohni, dokud směs trochu nezhoustne. Podle chuti osolíme a opepříme.

d) Vypněte oheň a část směsi rozprostřete do filetů lososa pomocí štětce.

e) Do kastrolu přidejte nakrájené broskve a důkladně je potřete polevou. Glazované broskve nalijte na lososa a rovnoměrně rozprostřete.

f) Lososa pečte asi 10-15 minut při 420F. Lososa pečlivě sledujte, aby se pokrm nepřipálil.

g) Před podáváním posypte trochou čerstvě nasekaného koriandru.

67. Losos se smetanovým pestem

Porce: 4 porce

Ingredience:
- 4 filety z lososa, 1 palec tlusté
- $\frac{1}{4}$ šálku plnotučného mléka
- $\frac{1}{2}$ šálku smetanového sýra, se sníženým obsahem tuku/lehká odrůda
- 1/3 šálku omáčky s bazalkovým pestem
- 2 polévkové lžíce extra panenského olivového oleje
- Sůl a pepř na dochucení
- Čerstvě nasekaná petrželka

Pokyny:
a) Lososa osolíme a opepříme. Přidejte trochu olivového oleje na grilovací pánev a opečte lososa 5 minut z každé strany nebo dokud nebude uvařený.
b) Filety lososa přesuňte na servírovací talíř.
c) Ve středním hrnci rozehřejte trochu olivového oleje a přidejte omáčku s pestem a vařte 2 minuty.
d) Vmícháme mléko a smetanový sýr a vše promícháme. Pokračujte v míchání, dokud se smetanový sýr zcela nerozpustí s omáčkou pesto.
e) Krémové pesto vlijeme do lososa. Ozdobte čerstvě nasekanou petrželkou.

68. Salát z lososa a avokáda

Porce: 4 porce

Ingredience:

- 4 filety lososa bez kůže
- 3 střední avokáda
- $\frac{1}{2}$ šálku okurky, nakrájené na tenké plátky
- Sůl a pepř na dochucení
- 300 gramů salátových listů (hlávkový salát, rukola a řeřicha)
- Hrst čerstvě nasekaných lístků máty
- $\frac{1}{2}$ červené cibule, nakrájené na tenké plátky
- 4 polévkové lžíce čistého medu
- 3 polévkové lžíce extra panenského olivového oleje
- 3 polévkové lžíce citronové šťávy, čerstvě vymačkané

Pokyny:

a) Lososa lehce dochutíme solí a pepřem.

b) Pečte nebo grilujte lososa při 420 F po dobu 15-20 minut nebo do požadované propečenosti. Odložte na chvíli stranou.

c) Ve velké salátové míse smíchejte citronovou šťávu, med a olivový olej. Dochuťte solí a pepřem a případně dochuťte.

d) Avokádo nakrájíme na kousky a dáme do salátové mísy.

e) Přidejte do mísy zelený salát, červenou cibuli a lístky máty.

f) Filety lososa nakrájejte na kousky velikosti sousta. Vhoďte je do mísy. Všechny ingredience dobře promíchejte.

69. Lososová zeleninová polévka

Porce: 4 porce

Ingredience:
- 2 filety lososa, zbavené kůže a nakrájené na kousky velikosti sousta
- 1 $\frac{1}{2}$ šálku bílé cibule, jemně nakrájené
- 1 $\frac{1}{2}$ šálku sladkých brambor, oloupaných a nakrájených na kostičky
- 1 šálek růžičky brokolice, nakrájené na malé kousky
- 3 hrnky kuřecího vývaru
- 2 šálky plnotučného mléka
- 2 polévkové lžíce univerzální mouky
- 1 lžička sušeného tymiánu
- 3 polévkové lžíce nesoleného másla
- 1 bobkový list
- Sůl a pepř na dochucení
- Plochá petrželka, jemně nasekaná

Pokyny:
a) Nakrájenou cibuli osmahněte na nesoleném másle do zesklovatění. Vmícháme mouku a dobře promícháme s máslem a cibulí. Zalijte kuřecím vývarem a mlékem, poté přidejte kostky batátů, bobkový list a tymián.
b) Za občasného míchání necháme směs 5-10 minut provařit.
c) Přidejte růžičky lososa a brokolice. Poté vařte 5-8 minut.
d) Dochuťte solí a pepřem a podle potřeby dochuťte.
e) Přendejte do malých samostatných misek a ozdobte nasekanou petrželkou.

70. Krémové těstoviny z uzeného lososa

Porce: 2 porce

Ingredience:

- 2 velké filety uzeného lososa, nakrájené na malé kousky
- $\frac{3}{4}$ šálku strouhaného parmazánu
- $\frac{1}{2}$ šálku univerzálního krému
- 1 velká červená cibule, jemně nasekaná
- 3 polévkové lžíce nesoleného másla
- 2 polévkové lžíce čerstvého česneku, mletého
- 2 polévkové lžíce plnotučného mléka
- 1 polévková lžíce extra panenského olivového oleje
- 250 gramů fettuccine nebo špagetových nudlí
- Sůl a pepř na dochucení
- Čerstvá petržel jako ozdoba

Pokyny:

a) Na středním plameni přiveďte k varu středně velký až velký hrnec s vodou. Poté přidejte fettuccine (nebo špagetové nudle) a nechte vařit 10-12 minut nebo dokud nejsou na kousání pevné. Nechte si $\frac{1}{2}$ šálku vody z těstovin a dejte stranou.

b) Ve velké pánvi rozpustíme máslo a olivový olej. Přidejte cibuli a česnek a vařte, dokud cibule nezprůsvitní.

c) Přidejte smetanu a mléko a pomalu přiveďte k varu.

d) Vmíchejte parmazán a pokračujte v míchání omáčky, dokud se sýr dobře nespojí s omáčkou. Okořeníme čerstvě mletým pepřem.

e) Do omáčky pomalu přiléváme vodu z těstovin a pomalu přivedeme k varu. Jakmile se začnou tvořit bubliny, stáhněte oheň.

f) Těstovinové nudle dobře sceďte a přidejte na pánev. Těstoviny a omáčku dobře promíchejte a poté přidejte uzeného lososa ve vločkách.

g) Ihned podávejte za tepla a ozdobte čerstvě nasekanou petrželkou a strouhaným parmazánem.

71. Černý losos s míchanou zeleninovou rýží

Porce: 4 porce

Ingredience:
Losos
- 4 filety lososa, zbavené kůže
- 1 lžička sladké papriky
- 1 lžička sušeného oregana
- 1 lžička sušeného tymiánu
- 1 lžička kmínového prášku
- $\frac{1}{2}$ lžičky mletého fenyklu
- 1 polévková lžíce extra panenského olivového oleje
- 1 polévková lžíce nesoleného másla

Rýže
- 2 šálky jasmínové rýže
- 3 $\frac{1}{2}$ šálků vody
- $\frac{1}{2}$ šálku sladké kukuřice
- 1 velká bílá cibule, jemně nasekaná
- 1 velká zelená paprika, jemně nasekaná
- $\frac{1}{2}$ šálku listů koriandru, jemně nasekaných
- $\frac{1}{4}$ šálku jarní cibulky, nakrájené nadrobno
- $\frac{1}{2}$ šálku černých fazolí, dobře okapaných
- $\frac{1}{2}$ lžičky uzené španělské papriky
- 2 polévkové lžíce limetkové šťávy, čerstvě vymačkané
- 1 polévková lžíce extra panenského olivového oleje

Pokyny:

a) V mělké střední misce smíchejte všechna koření na lososa. Lehce dochuťte solí a pepřem a dochuťte podle svých preferencí. Každého lososa potřete směsí koření. Odstavte a nechte lososa nasát všechny chutě.

b) Ve středním hrnci na mírném ohni rozehřejte olivový olej. Přidejte cibuli, sladkou kukuřici a papriku; mícháme, dokud cibule nezprůsvitní. Přidejte papriku a míchejte 2 minuty. Zalijte vodou a přidejte jasmínovou rýži. Přiveďte pomalu k varu a hrnec přikryjte. Vařte 15–20 minut, nebo dokud rýže zcela neabsorbuje všechnu vodu. Odstavte na 5 minut.

c) Do uvařené rýže vmícháme černé fazole, koriandr, jarní cibulku a limetkovou šťávu. Důkladně promíchejte.

d) V pánvi na středním plameni rozehřejte olivový olej a máslo. Lososa opékejte 8–10 minut z každé strany.

e) Umístěte na servírovací talíř spolu se zeleninovou míchanou rýží.

72. Salsa zázvorový losos s medovicovým melounem

Porce: 4 porce

Ingredience:
- 4 filety lososa bez kůže
- 2 šálky medového melounu nakrájeného na malé kostičky
- 2 polévkové lžíce citronové šťávy, čerstvě vymačkané
- ¼ šálku listů koriandru, čerstvě nasekaných
- 2 polévkové lžíce mátových lístků, jemně nasekaných
- 1 lžička červených chilli vloček
- 3 polévkové lžíce čerstvého zázvoru, nastrouhaného
- 2 lžičky kari
- 2 polévkové lžíce extra panenského olivového oleje
- Sůl a bílý pepř podle chuti

Pokyny:
a) Smíchejte medový meloun, koriandr, mátu, citronovou šťávu a chilli vločky ve střední misce. Dochuťte solí a pepřem a podle potřeby dochuťte.
b) Salsu nechte alespoň 15 minut vychladit v lednici.
c) V samostatné misce smíchejte nastrouhaný zázvor, kari, sůl a pepř. Touto směsí potřete filety lososa z každé strany.
d) Nechte 5 minut odstát, aby ryba mohla marinovat.
e) Zahřejte olivový olej na mírném až středním ohni. Lososa vařte 5–8 minut z každé strany, nebo dokud ryba uprostřed nezprůhlední.
f) Lososa podávejte s vychlazenou melounovou salsou na boku.

73. Losos na asijský způsob s nudlemi

Porce: 4 porce

Ingredience:

Losos

- 4 filety lososa, zbavené kůže
- 2 polévkové lžíce praženého sezamového oleje
- 2 polévkové lžíce čistého medu
- 3 polévkové lžíce světlé sójové omáčky
- 2 polévkové lžíce bílého octa
- 2 polévkové lžíce česneku, mletého
- 2 polévkové lžíce čerstvého zázvoru, nastrouhaného
- 1 lžička pražených sezamových semínek
- Nakrájená jarní cibulka na ozdobu

Rýžové nudle

- 1 balení asijských rýžových nudlí

Omáčka

- 2 polévkové lžíce rybí omáčky
- 3 polévkové lžíce limetkové šťávy, čerstvě vymačkané
- Chilli vločky

Pokyny:

a) Na lososovou marinádu smíchejte sezamový olej, sójovou omáčku, ocet, med, mletý česnek a sezamová semínka. Nalijte do lososa a nechte rybu 10-15 minut marinovat.

b) Lososa vložíme do zapékací misky, kterou lehce vymažeme olivovým olejem. Vařte 10-15 minut při 420F.

c) Zatímco je losos v troubě, uvařte rýžové nudle podle návodu na obalu. Dobře sceďte a přendejte do jednotlivých misek.

d) Rybí omáčku, limetkovou šťávu a chilli vločky smícháme a vlijeme do rýžových nudlí.

e) Naplňte každou misku s nudlemi čerstvě upečenými filety lososa. Ozdobte jarní cibulkou a sezamovými semínky.

74. Citronová rýže s smaženým lososem

Porce: 4 porce

Ingredience:

Rýže
- 2 šálky rýže
- 4 šálky kuřecího vývaru
- $\frac{1}{2}$ lžičky bílého pepře
- $\frac{1}{2}$ lžičky česnekového prášku
- 1 malá bílá cibule, nakrájená nadrobno
- 1 lžička jemně nastrouhané citronové kůry
- 2 polévkové lžíce citronové šťávy, čerstvě vymačkané

Losos
- 4 filety lososa, zbavené špendlíkových kostí
- Sůl a pepř na dochucení
- 2 polévkové lžíce extra panenského olivového oleje

Koprová omáčka
- $\frac{1}{2}$ šálku řeckého jogurtu, nízkotučná odrůda
- 1 polévková lžíce citronové šťávy, čerstvě vymačkané
- 1 lžíce jarní cibulky, nakrájené nadrobno
- 2 polévkové lžíce čerstvých koprových listů, jemně nasekaných
- 1 lžička čerstvé citronové kůry

Pokyny:

a) V malé misce smíchejte všechny ingredience na koprovou omáčku. Dejte do lednice alespoň na 15 minut.

b) Ve středně velkém hrnci přivedeme k varu kuřecí vývar. Přidejte rýži, česnek, cibuli a bílý pepř a jemně promíchejte.

c) Hrnec přikryjeme a vaříme, dokud rýže nevsákne všechen kuřecí vývar.

d) Jakmile se vývar konečně vstřebá, přidejte citronovou kůru a šťávu a dobře promíchejte, aby se spojil. Vraťte poklici a rýži vařte dalších 5 minut.

e) Ve velké pánvi rozehřejte na mírném ohni olivový olej. Lososa před smažením dochuťte solí a pepřem. Lososa vařte 5-8 minut z každé strany nebo do požadovaného stupně propečení.

f) Lososa opečeného na pánvi podáváme s rýží a omáčkou.

LOSOSOVÉ SALÁTY

75. Aljašský těstovinový salát s lososem a avokádem

Výtěžek: 4 porce

Přísada

- 6 uncí Suché těstoviny

- 1 plechovka aljašského lososa

- 2 lžíce francouzského dresinku

- 1 svazek zelené cibule; na tenké plátky

- 1 červená paprika

- 3 lžíce koriandru nebo petrželky; sekaný

- 2 lžíce Light majonéza

- 1 vápno; odšťavněná a kůra nastrouhaná

- 1 lžíce rajčatového protlaku

- 3 zralá avokáda; na kostičky

- $\frac{1}{2}$ šálku zakysané smetany

- Listy salátu k podávání

- Paprika podle chuti

Pokyny:

a) Těstoviny uvaříme podle návodu na obalu. Scedíme a promícháme s francouzským dresinkem. Nechte vychladnout. Lososa scedʼte a nastrouhejte. Přidejte k těstovinám se zelenou cibulkou, nakrájenou paprikou a koriandrem.

b) Šlehejte dohromady limetkovou šťávu a nastrouhanou kůru, majonézu, zakysanou smetanu a rajčatový protlak, dokud se důkladně nespojí. Těstovinový salát přelijte dresinkem. Dochutíme solí a pepřem; přikrýt a vychladit. Před podáváním jemně vhodʼte avokádo do salátu.

c) Lžící naneste salát na lůžko z listů salátu. Na ozdobu posypeme paprikou.

76. Salátový sendvič z aljašského lososa

Výtěžek: 6 sendvičů

Přísada

- 15½ unce konzervovaného aljašského lososa
- ⅓šálku obyčejného odtučněného jogurtu
- ⅓šálku nakrájené zelené cibule
- ⅓šálku nakrájeného celeru
- 1 lžíce citronové šťávy
- Černý pepř; ochutnat
- 12 plátků chleba

Pokyny:

a) Lososa sceďte a nastrouhejte. Vmíchejte zbývající ingredience kromě pepře a chleba. Dochuťte pepřem podle chuti.

b) Lososovou směs namažte na polovinu plátků chleba; poklademe zbylým chlebem. Sendviče nakrájejte na poloviny nebo čtvrtky.

c) Připraví 6 sendvičů.

77. Uzený losos, okurka a těstovinový salát

Výtěžek: 3 porce

Přísada

- 3 unce tenké špagety; vařené

- $\frac{1}{2}$ okurky; na čtvrtky/krájené

- 3 velké snítky čerstvého kopru

- 1 šálek listového salátu; roztrhané sousto-velikost

- 1 nebo 2 zelené cibule s natě; nakrájený

- 3 unce uzeného lososa; vločkované (až 4)

- $\frac{1}{4}$ šálku zakysané smetany bez tuku nebo s nízkým obsahem tuku

- 2 polévkové lžíce beztučného jogurtu; (prostý)

- 1 lžíce citronové šťávy

- 1 rajče; v klínech

- Snítka čerstvé petrželky

Pokyny:

a) Těstoviny uvaříme ve vroucí osolené vodě. Mezitím smíchejte zbytek ingrediencí na salát ve střední misce a ponechte si několik vloček lososa na ozdobu. V malé misce smíchejte přísady na dresink.

b) Vychladlé těstoviny smícháme se zbytkem ingrediencí na salát. Přidejte dresink a lehce promíchejte. Ozdobte vyhrazenými vločkami lososa, rajčaty a petrželkou. Chlad.

c) 10 minut před podáváním vyjměte z lednice.

78. Karamelizovaný losos na teplém bramborovém salátu

Výtěžek: 4 porce

Přísada

- 2 lžíce olivového oleje

- $\frac{1}{2}$ kila mleté klobásy andouille

- 2 šálky julienne cibule

- 1 sůl; ochutnat

- 1 čerstvě mletý černý pepř; ochutnat

- 1 lžíce nasekaného česneku

- 2 libry bílých brambor; oloupané, nakrájené na malé kostičky,

- 1 a vařte do měkka

- $\frac{1}{4}$ šálku kreolské hořčice

- $\frac{1}{4}$ šálku nakrájené zelené cibule; pouze zelená část

- 8 filetů z lososa

- 1 výbuch

- 2 hrnky krystalového cukru

- 2 lžíce jemně nasekané čerstvé petrželové natě

Pokyny:

a) Ve velké pánvi na středním plameni přidejte lžíci oleje.

b) Když je olej rozpálený, přidejte klobásu. Klobásu opékejte 2 minuty. Přidejte cibuli. Dochuťte solí a pepřem. Smažte cibuli 4 minuty nebo do měkka. Vmícháme česnek a brambory.

c) Dochuťte solí a pepřem. Pokračujte v restování 4 minuty. Vmíchejte hořčici a zelenou cibulku. Sundejte z plotny a dejte stranou. Obě strany lososa okořeníme Bayou Blast.

d) Lososa posypte cukrem a zcela obalte. Zbylý olej rozehřejte ve dvou velkých pánvích. Přidejte lososa a opékejte asi 3 minuty z každé strany nebo dokud losos nezkaramelizuje.

e) Do středu každého talíře navršte teplý bramborový salát. Na salát položte lososa. Ozdobte petrželkou.

79. Salát s mraženým lososem

Výtěžek: 6 porcí

Přísada

- 2 lžíce neochucené želatiny
- $\frac{1}{4}$ šálku studené vody
- 1 šálek vroucí vody
- 3 lžíce čerstvě vymačkané citronové šťávy
- 2 šálky lososa ve vločkách
- $\frac{3}{4}$ šálku salátového dresinku nebo majonézy
- 1 šálek celeru nakrájeného na kostičky
- $\frac{1}{4}$ šálku nasekané zelené papriky
- 1 lžička mleté cibule
- $\frac{1}{2}$ lžičky soli
- 1 čárka pepře

Pokyny:

a) Změkčte želatinu ve studené vodě; přidejte vroucí vodu a poté důkladně vychlaďte. Přidejte citronovou šťávu, lososa, salátový dresink nebo majonézu a koření.

b) Nalijte do vymazané formy a nechte ztuhnout. Výtěžek: 6 porcí.

80. Cool salát pro milovníky lososa

Výtěžek: 4 porce

Přísada

- 1 libra vařeného královského nebo coho lososa; rozbité na kousky

- 1 šálek nakrájeného celeru

- $\frac{1}{2}$ šálku nahrubo nakrájeného zelí

- $1\frac{1}{4}$ šálku majonézy nebo salátového dresinku; (do 1 1/2)

- $\frac{1}{2}$ šálku pochoutka ze sladké okurky

- 1 lžíce připraveného křenu

- 1 lžíce Jemně nakrájená cibule

- $\frac{1}{4}$ lžičky soli

- 1 čárka pepře

- Listy salátu; římské listy nebo endivie

- Nakrájené ředkvičky

- Koprovo-okurkové plátky

- Rohlíky nebo krekry

Pokyny:

a) Pomocí velké mísy jemně promíchejte lososa, celer a zelí.

b) V jiné misce smíchejte majonézu nebo salátový dresink, kyselou okurku, křen, cibuli, sůl a pepř. Přidejte ho do lososové směsi a promíchejte, aby se obalil. Salát zakryjte a chlaďte do doby podávání (až 24 hodin).

c) Vyložte salátovou mísu zeleninou. Lžící přidejte lososovou směs. Navrch dejte ředkvičky a koprové okurky. Salát podávejte s rohlíky nebo sušenkami.

d) Připraví 4 porce hlavního jídla.

81. Salát s koprovaným lososem

Výtěžek: 6 porcí

Přísada

- 1 šálek obyčejného odtučněného jogurtu
- 2 lžíce Jemně nasekaný čerstvý kopr
- 1 lžíce octa z červeného vína
- Sůl a čerstvě mletý pepř
- 1 2-lb filet z lososa (1" silný) očištěný od kůže a šlach
- 1 lžíce řepkového oleje
- $\frac{1}{2}$ lžičky soli
- $\frac{1}{2}$ lžičky čerstvě mletého pepře
- 1 střední okurka
- Kudrnatý listový salát
- 4 zralá rajčata; jemně nakrájené
- 2 středně velké červené cibule; oloupané a nakrájené na tenké plátky a rozdělené na kroužky
- 1 citron; podélně rozpůlit a nakrájet na tenké plátky

Pokyny:

a) Připravte dresink: Smíchejte jogurt, kopr, ocet, sůl a pepř. Dejte do lednice. Připravte salát: Lososa potřete z obou stran olejem, solí a pepřem.

b) Rozpalte gril, dokud nebude velmi horký. Umístěte lososa na gril a zakrytého opékejte do šupinky asi $3\frac{1}{2}$ minuty z každé strany. Přendejte na servírovací talíř a nechte alespoň 5 minut odpočívat. Nakrájejte na $\frac{1}{2}$ palcové plátky.

c) Lososa dejte do misky a prolijte dresinkem. Zakryjte a ochlaďte. Těsně před podáváním okurku oloupeme a podélně rozpůlíme. Malou lžičkou seškrábněte střed, abyste odstranili semínka. Tenký plátek.

d) Směs lososa ve středu velkého talíře lemovaného listy salátu. Obklopte okurkou, rajčaty, cibulí a plátky citronu. V případě potřeby ozdobte dalším koprem.

82. Losos s křupavými bylinkami a orientálním salátem

Výtěžek: 1 porce

Přísada

- 160 gramů filet z lososa

- 5 gramů čínského prášku z pěti koření

- 15 mililitrů sójové omáčky

- 10 gramů rajčat; Nakrájený na kostičky

- 2 lžičky vinaigrette

- 20 mililitrů olivového oleje

- 40 gramů míchaných salátových listů

- 5 gramů smažená bazalka, koriandr, petržel

- 10 gramů vodních kaštanů; Nakrájený

- 10 gramů loupané červené a zelené papriky; Julienned

- Sůl a černý pepř

-

Pokyny:

a) Marinujte lososa v sójové omáčce s pěti kořením. Na pánvi orestujeme na trošce olivového oleje a zvolna opečeme z obou stran.

b) Šaty salátové listy. Na talíř nasypte vodní vodní kaštany, navrch dejte losos a položte listy salátu s pepřem.

83. Ostrovní lososový salát

Výtěžek: 1 porce

Přísada

- 8 uncí lososa nebo jiné pevné rybí filé
- 1 lžíce olivového oleje
- 1 lžíce šťávy z limetky nebo citronu
- 1 lžička cajunského nebo jamajského koření Jerk
- 6 šálků Natrhané smíšené zelené
- 2 středně velké pomeranče; oloupané a nakrájené
- 1 šálek jahod; poloviční
- 1 střední avokádo; rozpůlený, semínkový, oloupaný, nakrájený
- 1 střední mango; semena, oloupaná, nakrájená na plátky
- $\frac{1}{4}$ šálku nasekaných makadamových ořechů nebo mandlí; opečené
- Tortilla Bowls
- Estragon-podmáslí dresink
- Kadeře z limetkové kůry

Pokyny:

a) Rybu potřeme olejem, pokapeme limetkovou nebo citronovou šťávou a okořeníme. Vložte do vymaštěného grilovacího koše. Grilujte 4-6 minut na každou $\frac{1}{2}$" tloušťky nebo dokud rybí maso lehce neotáčejte, jednou otočte. Rybu natrhejte na kousky o velikosti sousta.

b) Smíchejte ryby, zeleninu, pomeranče, jahody, avokádo a ořechy ve velké míse: jemně promíchejte, aby se promíchaly. Nalijte do tortillových misek a pokapejte dresinkem.

c) Podle potřeby každou porci ozdobte kudrlinkou z limetkové kůry.

84. Malajská bylinková rýže a lososový salát

Výtěžek: 1 porce

Přísada

- 400 gramů čerstvého lososa
- 2 lžíce sójové omáčky
- 2 lžíce Mirin
- 6 šálků vařené jasmínové rýže
- ½ šálku pečeného; strouhaný kokos
- 1 5 cm kousek kurkumy; oloupané
- 1 5 cm kus galangal; oloupané
- 3 lžíce rybí omáčky
- 2 malé červené chilli papričky; semena a mletá
- 8 listů kafírové limetky
- ½ šálku thajské bazalky
- ½ šálku vietnamské máty
- Extra pražený kokos k podávání.
- 1 zralé avokádo; oloupané
- 1 červená chilli paprička; mletý
- 2 stroužky česneku; mletý
- ¾ šálku olivového oleje; (světlo)

- ⅓ šálku limetkové šťávy

- ¼ šálku citronové šťávy

- ½ šálku lístků thajské bazalky

- 10 snítek koriandru-listy a stonek

Pokyny:

a) Nechte obchodníka s rybami odstranit kůži z lososa a poté jej vložte do mělké skleněné misky. Smíchejte sóju a mirin a nalijte na ryby a nechte 30 minut marinovat. Rozpalte grilovací pánev nebo gril a pak rybu opečte zvenčí dozlatova a uvnitř jen propečenou, asi 3 minuty z každé strany. Chladný.

b) Listy kurkumy, galangalu, chilli a kafírové limetky najemno nastrouhejte a smíchejte s uvařenou rýží. Přidejte opečený kokos, bazalku a mátu a promíchejte s rybí omáčkou. Dát stranou.

c) Udělejte dresink. Všechny ingredience rozmixujte v kuchyňském robotu do zhoustnutí, uhlaďte a poté zálivku prokládejte rýží, dokud rýže nezíská světle zelenou barvu.

d) Uvařenou rybu oloupeme a přidáme k rýži a velmi jemně promícháme, aby se rozprostřela.

e) Salát podávejte při pokojové teplotě ozdobený praženým kokosem.

85. Salát z mátového lososa

Výtěžek: 4 porce

Přísada

- 213 gramů Konzervovaný červený aljašský losos

- 2 Zralá avokáda oloupaná a rozpůlená

- 1 vápno; odšťavněný

- 25 gramů endivie kadeřavá

- 50 gramů okurky; oloupané a nakrájené na kostičky

- $\frac{1}{2}$ lžičky čerstvě nasekané máty

- 2 lžíce řeckého jogurtu

- Plechovku lososa sceďte, rybu nalámejte na velké vločky a dejte stranou.

Pokyny:

a) Odstraňte pecky avokáda. Nakrájejte podélně od zaobleného konce. Nekrájejte úplně přes úzký konec.

b) Každou polovinu nakrájejte na 5 kusů, dejte na servírovací talíř a plátky vějířovitě rozložte.

c) Potřeme limetkovou šťávou.

d) Na talíře naaranžujte endivie a navrch položte plátky lososa.

e) Smíchejte okurku, mátu a jogurt. Nalijte na salát.

f) Podávejte najednou.

86. Smažený losos s bramborovým salátem

Výtěžek: 1 porce

Přísada

- 250 gramů Baby nových brambor
- 6 lžic olivového oleje
- Půl citronu; šťáva z
- 1 lžíce celozrnné hořčice
- 1 lžíce nasekané pažitky
- 150 gramů Filet z lososa
- 2 unce balzámový ocet
- Pár kapek feferonkové omáčky
- 25 gramů bazalkových listů
- Sůl a čerstvě mletý pepř

Pokyny:

a) Brambory vařte 8-10 minut, dokud nezměknou. Nahrubo rozmačkejte hřbetem vidličky.

b) Do kaše přidejte 2 lžíce oleje spolu s citronovou šťávou, hořčicí a pažitkou.

c) Hojně okořeňte. Filet z lososa okořeňte a opékejte 1–2 minuty z každé strany, dokud nebude propečený. 3 Balzamikový ocet zredukujte na sirupovou konzistenci. Zbylý olej smícháme s lístky bazalky.

d) Při podávání položte lososa na hromádku bramborového salátu a pokapejte balzamikovou redukcí, bazalkovým olejem a pepřovou omáčkou.

87. Salát s těstovinami a uzeným lososem

Výtěžek: 4 porce

Přísada

- $\frac{3}{4}$ liber Uzený losos nakrájený na proužky
- 2 litry vody
- $\frac{3}{4}$ liber Linguini nebo špagety; suchý
- 2 lžíce bílého octa
- $\frac{1}{2}$ šálku cibule; jemně nasekané
- 1 šálek smetany ke šlehání
- $\frac{3}{4}$ šálku suchého bílého vína
- 1 lžíce dijonské hořčice
- $\frac{1}{4}$ šálku strouhaného parmazánu
- $\frac{1}{2}$ šálku snítky čerstvé petrželky

Pokyny:

a) Přiveďte vodu k varu, vařte těstoviny do měkka; vypustit.

b) Když se těstoviny vaří, vařte ocet s cibulí na pánvi na vysoké teplotě, dokud se ocet neodpaří, asi 2 minuty. Přidejte smetanu, víno a hořčici. Vařte odkryté za častého míchání, dokud se omáčka nezredukuje na 1-$\frac{3}{4}$ šálku. Přidejte horké scezené těstoviny; zvednout vidličkami, aby se obalily omáčkou.

c) Těstoviny a omáčku rovnoměrně rozdělte na 4 talíře; každý posypeme parmazánem. Ke každé porci těstovin naaranžujte lososa, ozdobte petrželkou. Dochuťte solí a pepřem.

88. Těstovinový salát s lososem a cuketou

Výtěžek: 6 porcí

Přísada

- 700 gramů těstovin (jakýchkoli)
- 500 gramů uzeného lososa
- 500 gramů Vařené cukety nakrájené na plátky
- 200 mililitrů olivového oleje
- 70 gramů petrželky
- 50 mililitrů citronové šťávy
- Sůl a pepř

Pokyny:

a) Lososa nakrájíme na kostičky. Těstoviny uvaříme al dente, necháme vychladnout.

b) Smíchejte vše dohromady.

89. Studený salát z pošírovaného lososa

Výtěžek: 2 porce

Ingredience

- 1 lžíce nakrájeného celeru
- 1 lžíce nakrájené mrkve
- 2 lžíce nahrubo nakrájené cibule
- 2 šálky vody
- 1 šálek bílého vína
- 1 bobkový list
- 1½ lžičky soli
- 1 citron; rozpůlit
- 2 snítky petrželky
- 5 kuliček černého pepře
- 9 uncí středově řezaný filet z lososa
- 4 šálky baby špenátu; vyčištěno
- 1 lžíce citronové šťávy
- 1 lžička nakrájené citronové kůry
- 2 lžíce nasekaného čerstvého kopru
- 2 lžíce nasekané čerstvé petrželky
- ½ šálku olivového oleje

- $1\frac{1}{2}$ lžičky nakrájené šalotky

- 1 sůl; ochutnat

- 1 čerstvě mletý černý pepř; ochutnat

Pokyny

a) Na mělkou pánev dejte celer, mrkev, cibuli, víno, vodu, bobkový list, sůl, citron, petržel a kuličky pepře. Přiveďte k varu, snižte plamen a opatrně vložte kousky lososa do vroucí tekutiny, přikryjte a vařte 4 minuty. Mezitím si připravte marinádu.

b) V misce smícháme citronovou šťávu, kůru, kopr, petržel, olivový olej, šalotku, sůl a pepř. Marinádu nalijte do nereaktivní pánve nebo nádoby s plochým dnem a dostatečným prostorem pro uložení vařeného lososa. Nyní vyjměte lososa z pánve a vložte jej do marinády. Necháme 1 hodinu vychladnout.

c) Špenát pokapejte trochou marinády, ochuťte solí a pepřem a rozdělte na dva servírovací talíře. Pomocí děrované stěrky položte lososa na špenát.

LOSOSOVÉ POLÉVKY

90. Lososová zeleninová polévka

Porce: 4 porce

Ingredience

- 2 filety lososa, zbavené kůže a nakrájené na kousky velikosti sousta
- 1 ½ šálku bílé cibule, jemně nakrájené
- 1 ½ šálku sladkých brambor, oloupaných a nakrájených na kostičky
- 1 šálek růžičky brokolice, nakrájené na malé kousky
- 3 hrnky kuřecího vývaru
- 2 šálky plnotučného mléka
- 2 polévkové lžíce univerzální mouky
- 1 lžička sušeného tymiánu
- 3 polévkové lžíce nesoleného másla
- 1 bobkový list
- Sůl a pepř na dochucení
- Plochá petrželka, jemně nasekaná

Pokyny:

a) Nakrájenou cibuli osmahněte na nesoleném másle do zesklovatění. Vmícháme mouku a dobře promícháme s máslem a cibulí. Zalijte kuřecím vývarem a mlékem, poté přidejte kostky batátů, bobkový list a tymián.

b) Za občasného míchání necháme směs 5-10 minut provařit.

c) Přidejte růžičky lososa a brokolice. Poté vařte 5-8 minut.

d) Dochuťte solí a pepřem a podle potřeby dochuťte.

e) Přendejte do malých samostatných misek a ozdobte nasekanou petrželkou.

91. Krémová lososová polévka

Výtěžek: 4 porce

Přísada

- 418 gramů Konzervovaný růžový aljašský losos
- 3 šalotky; nakrájená NEBO... Cibule nakrájená
- 450 mililitrů Zeleninový vývar
- 150 mililitrů Suché bílé víno
- 25 gramů másla
- 25 gramů hladké mouky
- 300 mililitrů odstředěné mléko
- 100 gramů tvarohu
- 4 lžíce řeckého jogurtu
- Koření

Pokyny:

a) Sceďte plechovku lososa. Šťávu dáme do mísy s cibulí, vývarem a vínem. Vařte na VYSOKÝ VÝKON 10 minut. Nechte 15 minut stát.

b) Rozpusťte máslo na VYSOKÝ VÝKON po dobu 30 sekund. Vmíchejte mouku a vařte 30 sekund na VYSOKÝ VÝKON. Najednou přidejte mléko po 150 ml / $\frac{1}{4}$ pinty.

c) Dobře prošlehejte a mezi každým přidáním vařte na VYSOKÝ VÝKON 1 minutu. Přidejte vývar do mléčné směsi s lososem, sýrem a jogurtem. Sezóna.

d) Přeneste do mixéru. Pyré do hladka. Znovu zahřívejte 7 minut na STŘEDNÍ VÝKON a podávejte.

92. Letní polévka z irského uzeného lososa

Výtěžek: 4 porce

Přísada

- 300 mililitrů dobrého kuřecího vývaru

- 20 gramů másla

- 1 lžíce dvojitého krému

- 12 chřestových kopí

- 1 mrkev; (malé - nakrájené na kostičky)

- 2 tyčinky celer; (oloupané a nakrájené na kostičky)

- 1 pórek; (malé - nakrájené na kostičky)

- 8 nových brambor; (malý - mladý)

- 2 rajčata

- 4 plátky uzeného lososa; (nakrájíme na proužky)

- 1 Olivový chléb

- 50 gramů irského kozího sýra

- 1 vaječný žloutek

- Smíšené bylinky

Pokyny:

a) Zahřejte kuřecí vývar a vařte postupně všechnu zeleninu počínaje bramborami, mrkví, celerem, pórkem a chřestem. Zeleninu sceďte a rezervujte si vývar.

b) Zeleninu dejte do malých polévkových misek/hrnků. Přidejte rajče a uzeného lososa nakrájeného na nudličky.

c) Vývar dejte zpět na oheň a zašlehejte do něj trochu másla a smetany. Okoříme a přidáme nasekané bylinky. Nechte pár minut vyluhovat.

d) Mezitím rozšleháme vaječný žloutek se 2 - 3 lžičkami vroucí vody nad vanou, dokud nevznikne hustý a krémový sabayon.

e) Na krutony nasypeme sýr a dáme pod rozpálený gril, dokud sýr nezačne bublat.

f) Do vývaru vložíme sabayon a zalijeme zeleninou. Navrch položte krutony a podávejte.

93. Sýrová lososová polévka

Výtěžek: 1

Přísada

- 4 lžíce másla
- 1 šálek nakrájené cibule
- $\frac{1}{4}$ šálku nakrájeného celeru
- 1 šálek nakrájených brambor
- $\frac{1}{4}$ lžičky bílého pepře
- $1\frac{1}{4}$ lžičky tymiánu
- $\frac{1}{4}$ lžičky koprové trávy
- 2 lžíce mouky
- $\frac{1}{8}$ unce konzervovaných rajčat
- 3 šálky mléka
- $7\frac{3}{4}$ unce konzervovaného lososa
- 2 lžíce petrželky
- 1 šálek strouhaného sýra Monterey jack

Pokyny:

a) Rozpusťte 2 lžíce másla, orestujte celer a cibuli. Přidejte brambory a tolik vody, aby byla zakrytá. Vařte, dokud brambory nezměknou.

b) Rozpusťte zbývající 2 lžíce másla; vmíchejte 2 lžíce mouky a vytvořte jíšku. K bramborám přidáme jíšku a odpařené mléko

c) Zahřívejte do zhoustnutí na středním plameni za stálého míchání. Přidejte koření, lososa a rajčata.

d) Zahřívejte do zapaření. Nevařte. Těsně před podáváním přidejte sýr.

94. Bramborová sýrová polévka s lososem

Výtěžek: 6 porcí

Přísada

- $\frac{1}{4}$ šálku másla nebo margarínu
- 1 velká cibule - nakrájená na tenké plátky
- $1\frac{1}{4}$ šálku celeru nakrájeného na kostičky
- $3\frac{1}{2}$ šálku brambor - syrové nakrájené na plátky
- 1 hrnek kuřecího vývaru
- 3 šálky Mléko - dělené
- Pokojová teplota
- 1 šálek Půl na půl
- 2 šálky sýru Sharp čedar, strouhaný
- 1 lžička sušeného tymiánu
- 1 lžička worcesterské omáčky
- 1 konzerva Losos, sockeye, Dobře odvodněný, kosti a kůže odstraněny
- 1 čárka sůl
- 1 čárka pepře
- Nasekaná petržel

Pokyny:

a) Ve 2 qt. v hrnci, rozpusťte máslo a orestujte cibuli a celer do měkka, ale ne dohněda. Přidejte brambory a kuřecí vývar; zakryjte a vařte na mírném ohni, dokud brambory nezměknou. Bramborovou směs rozmixujte v mixéru se 2 hrnky mléka.

b) Vraťte se do hrnce; a zbývající 1 hrnek mléka, smetana, sýr, tymián,

c) Worcestershire omáčka a losos. Zahřívejte na nízké úrovni, často míchejte, dokud nebude horký. Dochuťte solí a pepřem. Ozdobte nasekanou petrželkou. Výtěžek: 6 porcí.

95. Bramborová polévka s uzeným lososem

Výtěžek: 4 porce

Přísada

- $\frac{1}{2}$ Přilepte nesolené máslo
- $1\frac{1}{4}$ libry žluté cibule, nakrájené na tenké plátky
- 3 celerová žebra, nakrájená
- Sůl
- Cayenne
- Čerstvě mletý černý pepř
- 1 Bay dovolená
- 3 lžíce nasekaného česneku
- 10 šálků kuřecího vývaru
- 2 libry Pečené brambory, oloupané
- $\frac{1}{4}$ šálku těžké smetany
- $\frac{1}{2}$ libry Uzený losos, julienne
- $\frac{1}{4}$ šálku červené cibule
- 2 lžíce nasekané pažitky
- Mrholení extra-panenského
- Olivový olej

Pokyny:

a) Rozpusťte máslo v 6-litrovém hrnci na středně vysokou teplotu. Přidejte cibuli a celer. Ochuťte solí, kajenským pepřem a černým pepřem a míchejte, dokud zelenina nezměkne a lehce zezlátne, asi 8 minut.

b) Přidejte bobkový list a česnek, míchejte 2 minuty. Přidejte vývar a brambory a přiveďte směs k varu.

c) Snižte teplotu na střední a vařte odkryté, dokud nejsou brambory velmi měkké a směs hustá a krémová, asi 1 hodinu.

d) Polévku stáhněte z ohně. Bobkový list vyhoďte. Ručním mixérem rozmixujte dohladka. Pomalu přilévejte smetanu. Míchejte do smíchání. Polévku dochutíme. V malé míse smíchejte lososa, červenou cibuli a pažitku.

e) Pokapejte ochucení dostatečným množstvím oleje, aby zvlhčilo. Pochoutku dochutíme černým pepřem. Pro podávání nalijte polévku do jednotlivých misek.

f) Polévku dozdobíme pochutinou.

96. Lososovo-bramborová polévka

Výtěžek: 4 porce

Přísada

- 2 šálky kuřecího vývaru
- $\frac{1}{2}$ lžičky suché hořčice
- $\frac{1}{4}$ lžičky pepře
- 1 střední cibule, nakrájená a oddělená
- Do kroužků
- $1\frac{1}{2}$ libry nových brambor (10 až 12), nakrájených
- Na 1/2-palcové plátky
- 1 libra lososa nebo jiné tučné ryby
- Filety, zbavené kůže a nakrájené
- Na 4 porce
- 1 šálek Půl a půl
- 4 lžičky nasekané čerstvé petrželky

Pokyny:

a) V holandské troubě zahřejte vývar, hořčici a pepř k varu. Přidejte cibuli a brambory. Lososa naaranžujeme na brambory. Zahřejte k varu, snižte teplotu. Přikryjte a vařte 10 až 15 minut, nebo dokud se rybí vločky snadno neloupou vidličkou a brambory nezměknou. Nalijte půl na půl do holandské trouby.

b) Zahřívejte do horka. Polévku podávejte v mělkých miskách, do každé dejte 1 kus lososa. Každou porci posypte 1 lžičkou petrželky.

c) Podávejte s mletým černým pepřem, pokud chcete.

97. Čistá lososová polévka

Výtěžek: 6 porcí

Přísada

- 6 šálků vody
- 1½ libry Tavenice, celá; dobře vyčištěno
- 1 cibule, med
- 1 mrkev, velká; oloupané na čtvrtky
- 1 pórek (pouze bílý)
- 1 řapíkatý celer; s listy
- 1 pastinák; oloupané
- 1 Bouquet garni
- Sůl; ochutnat
- 1 libra odřezků z lososa
- ¾ šálku Víno, bílé, suché
- 3 Brambory, nové
- 2 Mrkev, tenká; oloupané
- 1 vaječný bílek
- 1 vaječná skořápka; rozdrcený
- 1 libra Filet z lososa, zbavený kůže
- 5 lžic jarní cibulky; sekaný
- Plátky citronu, tenké

Pokyny:

a) Do velkého vývarového hrnce dejte vodu, špízy, cibuli, na čtvrtky nakrájenou mrkev, pórek, celer, pastinák, bouquet garni a sůl a pepř a přiveďte k varu na vysoké teplotě a pravidelně sbírejte pěnu, jak stoupá do horní.

b) Hrnec přikryjte, snižte plamen a vařte 35 minut. Vývar přecedíme přes jemné síto do čistého hrnce a zadní částí lžíce přitlačíme pevné látky, aby se vytáhlo co nejvíce tekutiny. Pevné látky zlikvidujte.

c) Vraťte vývar na oheň a přidejte odřezky lososa, víno, brambory a tenkou mrkev. Přiveďte k varu, snižte plamen na minimum a přikryté vařte, dokud zelenina nezměkne, asi 25 minut. Vývar sceďte do čistého hrnce, vyhoďte všechny pevné látky kromě brambor a veškeré mrkve.

d) Brambory a mrkev opláchněte, dejte pozor, abyste je nerozmačkali, a dejte stranou. Vraťte vývar na nízkou teplotu a několik minut vařte. Přidejte bílek a skořápku a zvyšte teplotu na středně vysokou.

e) Za stálého šlehání přiveďte drátěnou metlou k varu. Když se vývar vaří, bílek začne stoupat na povrch. V tuto chvíli vypněte teplo a nechte pět minut stát. Cedník vyložte dvojitou vrstvou navlhčené gázoviny a vývar přeceďte do čistého hrnce.

f) Přidejte rybí filé do vývaru a vařte na středně mírném ohni, dokud se neuvaří; pět minut. Ochutnejte a upravte koření. Odložené brambory rozpůlíme a nakrájíme na měsíčky. Mrkev nakrájíme na jemné kostičky.

g) Rybí filety rozdělte do šesti polévkových misek. Do každé misky přidejte několik plátků brambor a nakrájenou mrkev. Do misek nalijte vývar, posypte jarní cibulkou a ozdobte plátky citronu.

DEZERT

98. Bylinkové lososové koláče

Porce: 8 porcí

Ingredience:
- 3 konzervy lososa atlantického/růžového, dobře okapané
- 1 velká červená cibule, jemně nasekaná
- $\frac{1}{2}$ šálku strouhanky
- 2 lžíce pažitky, jemně nasekané
- 2 lžíce petrželky, jemně nasekané
- 1 lžíce jarní cibulky, nakrájené nadrobno
- 2 polévkové lžíce červené papriky, jemně nasekané
- 2 polévkové lžíce zelené papriky, jemně nasekané
- 2 lžičky dijonské hořčice
- Sůl a pepř na dochucení
- 2 velká vejce, lehce rozšlehaná
- Rostlinný olej na smažení

Pokyny:
a) Do velké mísy dejte všechny ingredience a dobře promíchejte.
b) Směs dejte na cca 10 minut do lednice.
c) Když lososová směs lehce ztuhne, naberte do dlaní polévkové lžíce směsi a vytvarujte z ní placičku. Tento postup opakujte dokud nebudou všechny placičky tvarovány.
d) Na mírném až středním ohni rozehřejte velkou pánev a přidejte rostlinný olej na smažení. Placičky smažte asi 2-3 minuty z každé strany nebo do zlatohnědé. Vysušte je pomocí papírových utěrek.
e) Podávejte se smetanovou omáčkou dle vlastního výběru.

99. Lososový bochník

Výtěžek: 4

Přísada

- 1 vejce - rozšlehané
- 14 oz. konzervovaný losos
- ½ c čerstvé strouhanky
- 6 čerstvých hub
- 1 TB citronové šťávy
- 1 lžička nastrouhané citronové kůry
- ½ lžičky Cajun koření
- sprej na vaření zeleniny

Pokyny:

a) Postříkejte malou chlebovou formu sprejem na vaření.

b) Vložte směs lososa do pánve a pečte při 375 F po dobu 40 minut, dokud nebude možné bochník nakrájet.

100. Aljašské koláčky z mořských plodů

Výtěžek: 6 porcí

Přísada

- 418 gramů konzervovaného aljašského lososa
- 350 gramů Balíček těsta filo
- 3 lžíce ořechového oleje
- 15 gramů margarínu
- 25 gramů hladké mouky
- 2 lžíce řeckého jogurtu
- 175 gramů tyčinky z mořských plodů; sekaný
- 25 gramů nasekaných vlašských ořechů
- 100 gramů strouhaného parmezánu

Pokyny:

a) Každý jednotlivý plát filo těsta potřete olejem a složte na šestnáct čtverců o velikosti 12,5 cm / 5 palců. Vložte jeden čtverec do každé koláčové misky a nechte špičaté rohy vyčnívat přes okraj.

b) Potřete olejem a poté položte druhý čtverec těsta na první, ale s rohy směřujícími nahoru mezi ty původní, abyste vytvořili efekt leknínu.

c) Snižte teplotu trouby na 150 C, 300 F, značka plynu 2. Rozpusťte margarín a vmíchejte mouku. Vmíchejte rybí vývar, dobře prošlehejte, abyste odstranili hrudky.

d) Do omáčky vmíchejte jogurt, tyčinky z mořských plodů, vlašské ořechy a lososa ve vločkách a rovnoměrně rozdělte do 8 pečiv.

e) Vršek posypte strouhankou a poté vraťte do trouby na 5–8 minut prohřát

ZÁVĚR

Čerstvý nebo mražený, milujeme lososa! I když musíme uznat, že čerstvá je vždy nejchutnější. Abych byl upřímný, je jedno, jaký druh pro tyto recepty použijete.

Kromě toho je losos super zdravý, protože je plný dobrých tuků, které jsou dobré pro vaše nehty, pokožku, vlasy atd., takže neexistují žádné výmluvy, abyste si ho neuvařili.

CPSIA information can be obtained
at www.ICGtesting.com
Printed in the USA
LVHW080714140223
739387LV00009B/979